李澤厚
論著集

我的哲學提綱

李澤厚／著

三民書局

再版說明

　　一九八六年的北京街頭，書報攤小販高喊著「李澤厚」、「中國古代思想史論」來拉攏買氣，證明了李澤厚先生家喻戶曉的知名程度。在美學方面，《美的歷程》、《美學四講》、《華夏美學》的出版，奠定了他美學大師的地位。在思想史方面，《中國古代思想史論》、《中國近代思想史論》、《中國現代思想史論》的發表，更在國內外掀起高潮迭起的論戰，引領著當時代學術發展的方向。

　　「李澤厚」三個字代表著深刻思考、理性批評，因此追隨者眾，其著作更是被廣泛盜版、翻印，劣質品充斥於市。一九九〇年代，在余英時教授的引介下，本局不惜鉅資取得李澤厚先生的著作財產權，隨即重新製版、印刷，以精緻美觀的高品質問世。

　　此次再版，除重新設計版式、更正舊版疏漏之處外，並以本局自行撰寫的字體加以編排，不惟美觀，而且大方，相信於讀者在閱讀的便利性與舒適度上，能有大幅的提升。

三民書局編輯部　謹識

李澤厚論著集總序

在大陸和臺灣的一些朋友，都曾多次建議我出一個「全集」，但我沒此打算。「全集」之類似乎是人死之後的事情，而我對自己死後究竟如何，從不考慮。「歸日急翻行戍稿，把空名料理傳身後」，那種立言不朽的念頭，似乎相當淡漠。聲名再大，一萬年後也仍如灰燼。所以，我的書只為此時此地的人們而寫，即使有時收集齊全，也還是為了目前，而非為以後。

而且，我一向懷疑「全集」。不管是誰的全集，馬克思的也好，尼采的也好，孫中山、毛澤東的也好，只要是全集，我常持保留態度，一般不買不讀，總覺得它們虛有其表，徒亂人意。為什麼要「全」呢？第一，世上的書就夠多了，越來越多，越來越讀不過來；那麼多的「全集」，不是故意使人難以下手和無從卒讀麼？第二，人有頭臉，也有臀部；人有口才，也放臭氣；一個人能保留一兩本或兩三本「精華」，就非常不錯了。「全」也有何好處？如果是為了研究者、崇拜者的需要，大可讓他們自己去搜全配齊；如果是因對此人特別仇恨（如毛澤東提議編蔣介石全集），專門編本「後臀集」或「放尾集」以揚醜就行了，何必非「全集」不可？難道「全集」都是精華？即使聖賢豪傑、老師宿儒，也不大可能吧？也許別人可以，但至少我不配。我在此慎重聲明：永

遠也不要有我的「全集」出現。因之，關於這個「論著集」，首先要說明，它不全；第二，雖然保留了一些我並不滿意卻也不後悔的「少作」或非少作，但它是為了對自己仍有某種紀念意義，對別人或可作為歷史痕跡的參考；第三，更重要的是由於我的作品在臺灣屢經盜版，錯漏改竄，相當嚴重，並且零零碎碎，各上其市，就不如乾脆合編在一起，不管是好是壞，有一較為真實可信的面貌為佳。何況趁此機會，尚可小作修飾，訂正誤會，還有正式的可觀稿酬，如此等等；那麼，又何樂而不為呢？這個「論著集」共十冊，以哲學、思想史、美學、雜著四個部分相區分。

前數年大陸有幾家出版社，包括敝家鄉的一家，曾與我面商出「全集」，被我或斷然拒絕或含糊其辭地打發了。我也沒想到會在臺灣出這個「論著集」。至今我沒好好想，或者沒有想清楚，為什麼我的書會在臺灣有市場，它們完全是在大陸那種特殊環境中並是針對大陸讀者而寫的。是共同文化背景的原因嗎？或者是共同對中國命運的關心？還是其他什麼原因？我不清楚。人們告訴我，在日本和韓國，我的書也受歡迎，而且主要也是青年學人，與大陸、臺灣情況近似。對此我當然非常高興，但也弄不清楚是什麼原因。臺灣只來過一次，時不過五週，一切對我還很陌生，但有幸能繞島旅遊一周。東海岸的秀麗滄茫，令人心曠神怡，太魯閣的雄偉險峻，令人神驚目奪。但使我最難忘懷的，卻是那最南邊頗為奇特的墾丁公園。在那裡，我遇到了一批南來渡假的女大學生，她們笑語連連，任情打鬧，那要滿溢出來的青春、自由和歡樂，真使我萬分欽羨。如此風光，如此生命，這才是美的本身和哲學本體之所在。當同行友人熱心地把我介紹給她們時，除

一兩位似略有所知外，其他大都茫然，當然也就是說並未讀過我的什麼著作了。那種茫然若失、稚氣可掬的姿態神情，實在是太漂亮了。這使我特別快樂。我說不清楚為什麼。也許，我不是作為學者、教授、前輩，而是作為一個最普通的老人，與這批最年輕姑娘們匆匆歡樂地相遇片刻，而又各自東西永不再見這件事本身，比一切更愉快、更美麗、更富有詩意？那麼，我的這些書的存在和出版又還有什麼價值、什麼意義呢？我不知道。

最後，作為總序，該說幾句更嚴肅的話。我的書在臺灣早經盜版，這次雖增刪重編，於出版者實暫無利可圖。在此商業化的社會氛圍中，如非余英時教授熱誠推薦，一言九鼎；黃進興先生不憚神費，多方努力；劉振強先生高瞻遠矚，慨然承諾；此書是不可能在臺問世的。我應在此向三位先生致謝。特別是英時兄對我殷殷關注之情，至可銘感。

是為「論著集」總序。

李澤厚

1994 年 3 月於科泉市

李澤厚
論著集 總分目冊

序

　　哲學部分收《批判哲學的批判》（初版於 1979 年，下簡稱《批判》）、《我的哲學提綱》（初版於 1990 年，下簡稱《提綱》）兩書。關於康德，兩書中有某些重複的部分。

　　較之他卷，本卷篇幅最小。特別是那些「提綱」，加起來字數可能才抵得上他卷的一篇長文章。但是，恰恰是這些提綱以及《批判》一書各章的最後評議部分（即收入《提綱》一書中的），卻是我全部著作中最為重要的方面。也許，自己是哲學系出身，仍然更重視別人和自己的哲學思想。

　　說來也有意思，我從小雖對人生即有某種可笑的感傷和疑問情緒（見《走我自己的路》），但讀人文書刊的興趣卻大抵限於歷史與文學。從孔孟經書到宋明語錄，從墨學到名家，我始終是望而生畏，卻步不前，不敢多所問津的。我當年之所以以第一志願報考大學哲學系，除了想繼續思考一些人生問題之外，主要是受了時代的影響。一九四〇年代後期以來馬克思主義哲學在嚴格被禁的白色恐怖下，對我反而更有吸引力。當時傾心革命，想窮究原理，於是由毛澤東而馬克思，由馬克思而黑格爾，而希臘，而其他。也記得五〇年代初在北大讀書時，我曾鄙夷名重一時的蘇聯著作及哲學專家，卻潛心於西哲原典，因而大遭歧視之情景似

猶如昨日事。當時閉關自大的國策使現代西方著作極少進口，自己的探索歷程止步在、也流連忘返在康德哲學之中。

事有湊巧，恰好碰上「文革」，於是有論述康德的《批判》一書的寫作，詳情見該書的兩個後記。

此書出版之後很受歡迎，似有洛城紙貴之勢，初版就印了三萬冊，很快賣光。當時的年輕人至今還對我說，他們知道什麼是哲學，是自讀這本書始。說法似頗誇張，查來倒也平實。只要稍事翻閱 1949 年以來大陸出版的所謂哲學和哲學史著作，便可知曉。哲學在那裡不是「愛智」而是「毀智」，不是「聞道」而是「罵道」（罵人之道），也就是嚇人、打人的理論──政治棍棒。唯心唯物是欽定標籤，辯證法成了變戲法。毛澤東提倡普及哲學，於是「賣西瓜的哲學」、「打乒乓球的哲學」，風行不絕。這不是笑談，而是有白紙黑字為證的「哲學論著」，真是林林總總，不一而足。於是《批判》一書，從內容到形式，從觀念到結構，不但大有異於常規，而且還有「離經叛道」之走勢，從而也就被人（主要是青年一代）刮目相看了。其實，此書寫於「文化大革命」之中，交稿於 1976 年，當時雖心懷異數，卻不能大事聲張，只字裡行間略顯消息；而章章節節均大引馬列，以為護符。今日看來，必覺奇怪；但於當時，乃理所當然。此次重印，我不想多作改動；存其舊貌，以見因緣，為上上好。

同時，事情還有另一方面。即我通過《批判》所表達的自己的哲學觀念，以及後來概括、發展為《提綱》中的基本想法，都自以為至今尚不過時。其中如《第四提綱》、《哲學探尋錄》雖很簡略，卻自以為重要。我以為，本世紀不管是歐陸或英美，不管

是世紀前期或世紀末，大都是語言哲學的天下。維根斯坦無論矣，海德格爾、加達默爾、德里達等人也無不以語言為指歸。更不用說分析哲學這種技術學了。這個世紀是科學技術空前發展的時代，語言之占有哲學中心地位也，固宜。但下個世紀呢？我以為是該走出語言的時候了，語言並非人生——生活之根本或家園。

我在《批判》《提綱》兩書中提出了工具本體與心理本體，特別是所謂「情本體」，以為後現代將主要是文化——心理問題。馬克思主義所強調的經濟乃社會存在、發展的動力這一基本原理仍然正確，但隨著自由時間的增大，物質生產之受制約於精神生產也愈趨明確。從而社會存在決定社會意識的理論便太簡單了。社會心理、精神意識從來就有其相對獨立性質，在今日特別是在未來世界，它們將躍居人類本體之首位。這即是說，工藝（科技）社會結構的工具本體雖然從人類歷史長河上產生和決定了人們的文化——心理結構，但以此為歷史背景的後者，卻將日益取代前者，而成為人類發展和關注的中心。這就是我所認為的：「歷史終結日，教育開始時」。教育不再是成為其他事務（如培育資本社會所需要各種專家，培育封建社會所需的士大夫），而將以自身亦即以塑造人性本身、以充分實現個體潛能和身心健康本身為目標、為鵠的，並由之而規範、而制約、而主宰工藝（科技）——社會結構和工具本體。這樣，自啟蒙時代起到馬克思主義止的理性主義的基本線索，亦即作為今日資本世界最高準則的科學主義、個人主義、自由競爭等等，便將規範在一定限度內而不再任其無限膨脹，從而也避免激起其反面之非理性主義、神祕主義、縱慾主義等等的惡性回應。這就是我結合中國傳統所提出的「新的內聖

外王之道」，也就是我所謂「經過馬克思而超越馬克思」的「西體中用」的「後馬克思主義」或「新馬克思主義」。因此，如果今日有人硬要問我，你是否仍為馬克思主義者？其答覆自然是肯定的。我在青年時代白色恐怖中經過思考接受的東西，大概這一輩子也不會丟掉；但在壯年時代的紅色恐怖下，也是經過思考，被接受了的東西又有了長足的變化、修正和發展，這也大概是確定無疑的了。其實，馬克思主義早已多元化，多種多樣，各異其趣。我的馬克思主義在於仍然肯定製造、使用工具為人類生存發展的基礎這一唯物史觀的根本觀點；而我所強調的「人類學歷史本體論」的未來卻指向心理和情感，這是以前或其他的馬克思主義所未曾談到或未曾強調的，此之謂「後」或「新」。這裡也還想說一下，一提馬克思主義，我便被扣上「歷史必然論」「經濟決定論」的帽子。我明明強調的是個體、感性與偶然，卻硬說我是「死守」著集體、理性和必然。的確，我是講了必然。什麼是必然？人要活，人要吃飯，這就是必然。從而追求物質生活（衣、食、住、行及壽命）的改善和延伸，從而社會在物質生產上（以製造、使用工具為標誌）取得進展，這就是必然。這是人類生活的基礎。當然，歷史也有倒退甚至毀滅的時期，但從人類總體千萬年歷史看，這方面是向前發展、進步的。我就是在這意義上講必然、理性和集體，這也就是我所理解的馬克思主義。完全否認這一點，認為人吃飯（從而社會物質生產）不重要，不是「必然」；認為今天和千百年前一樣，物質生活（衣、食、住、行及壽命）並無進步或這種進步沒有意義；認為社會歷史無理性可言，個人的當下「存在」、感性情欲才是「真實」；如此等等，我是明確不贊同的。至

於在社會物質生產、生活中，在各種歷史事件、政治體制、精神生活、意識形態、文學藝術以及個人生存中，都具有極大的多樣性、偶然性、不可規定性等等，則正是我所反覆強調的。

所有這些看法和想法雖均略見於《批判》和《提綱》，但遠未充分展開。因此，這篇序文也就以提示這些尚待繼續探究的哲學課題作為結尾吧。

李澤厚

我的哲學提綱

目次

一、人類起源提綱

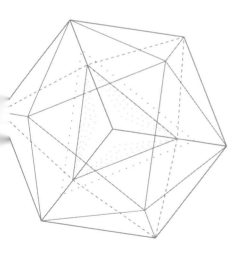

1.人類起源不只是古人類學問題，它也需要從哲學上去探討

　　例如大家都說，人之區別於物、人的社會實踐之不同於動物的活動，在於人有自覺的能動性（毛澤東），即人是有意識有目的地進行活動的。於是，這裡就有一個問題：人所特有的勞動是從製造工具開始的，但作為普遍必然性的製造工具的活動，已有某種目的、意識的自覺活動在內，那麼是否人的意識（認識）先於人的勞動（實踐）呢？某些古人類學家強調人腦的決定作用，也可說是這種觀點的科學表現。而這，是我所不同意的。

2.應該重視雙手的形成

　　許多古人類學家強調直立行走是人類形成中的關鍵性環節。我覺得似乎更應該注意的是，猿類前肢從原來的攀援、爬行的器官，逐漸演化為使用工具的專職器官。即由於專門從事於把握天然工具去挖掘、切割、獲取食物和防衛自己等活動以維持生存，從而引起的形態學上的一系列變化，其中重要的是前肢逐漸形成拇指與四指的相互對立和輔助的人手。雙手的逐漸形成，標誌著多種多樣使用工具活動的歷史成果。這種大量地、廣泛地繼而成為普遍必然地使用天然工具（樹枝、石塊等等）以維繫生存的活動，應是人類開始區別於猿類的原始勞動。它已經是「生產」所必需的「生活資料」（製造工具則是生產所必需的生產資料）。它是「動物性質本能的勞動形式」（《資本論》）。

　　動物在實驗室或自然條件下也使用甚或「製造」工具，但它們只是偶發性的（不是大量的，不可缺少的）或單一性的（一種

工具或一種使用方式），在維繫其族類生存中不占主要地位。在從猿到人的進化史中，使用工具的活動卻有「量變成質」的巨大含義。所以它才產生了猿類所沒有的人的雙手。

3. 工具的重大意義

「……勞動者直接占領的東西，也不是勞動對象，而是勞動手段。這樣，自然物自身也成了他的活動器官……。」（《資本論》）「……要判別已經滅亡中的社會經濟形態，研究勞動手段的遺物有相同的重要性。」（同上）「工具保存下來，而直接的享受卻是暫時的，並會被遺忘。人用自己的工具而具有支配外部自然界的力量……」（列寧《哲學筆記》中所摘引的黑格爾的話，並評注說：「黑格爾的歷史唯物主義的萌芽」）。

動物的生活活動是以其特定生理形態、性能所規定了的肢體活動來與外界聯繫，因之，動物所能「利用」、「掌握」的因果聯繫和自然規律，就不能不局限在、束縛在某些既定的範圍內，並且一代代地固定下來，成為傳給後代的本能性的活動。所以，「動物只依照它所屬的物種的尺度來生產」（馬克思：《經濟學—哲學手稿》）。「動物和它的生活活動直接是一個東西」（同上）。「動物不對什麼東西發生關係，而且根本沒有關係。對於動物說來，它對他物的關係不是作為關係而存在的」（馬克思、恩格斯：《德意志意識形態》）。這些都指出，動物以其天生的既定肢體作用於外界以維持生存，只能適應環境，而不能改造世界。

工具的出現突破了上述生物種族的局限，各種自然物日益成為原生物既定肢體的「延長」。這「延長」主要不是肢體由於使用

工具而變得更有能耐而已；這裡出現的是質的變化，即使用工具的活動的多樣性的特點（天然工具如各種不同形狀、不同性能的木棒、骨器、石器的多樣，把持式樣、操作姿態、動作的多樣），從根本上打破了任何生物種族的既定肢體、器官、能力的特殊性、固定性、狹窄性，開始對現實世界造成極為多樣而廣泛的客觀因果聯繫，這是任何本能動作（擊、跑、跳、攀、……）所完全不能比擬的。儘管那些生物本能性的活動，看來技巧如此高超，但它畢竟只是一種或有限的幾種既定動作，遠遠不能跟以工具為中介所創造的具有無限多的可能性活動相比擬，相匹敵。「最低級的野蠻人的手也能做幾百種為任何猿類所模仿不到的動作」（恩格斯：《自然辯證法》）。所以，使用工具的活動開始標誌著「能按任何物種的尺度來生產」（《經濟學—哲學手稿》）。即開始運用客觀的自然物質規律和力量以作用於自然界。這樣，現實世界多種多樣的物質屬性和因果聯繫，通過這種以工具為中介的勞動活動，日益被揭示出來，成為其他生物族類所不可能獲有的超生物的經驗。工具的各種屬性——幾何的（形狀、面積、體積等等）、物理的（重量、硬度、銳利度等等）作為各種因果鏈中的關鍵環節（如作為切、割、挖、掘以獲取食物的原因）被大量使用著、利用著和選擇著。日積月累，就愈發突出出來。如前所述，動物的生活活動與其對象是受同一個自然律所支配，主客體之分毫無意義；楔入工具之後，情況便大不相同：產生了主動利用自然本身規律並具有無限擴展可能的改造自然的強大力量，它面對自然和區別於自然（客體）而構成主體。這就是主體性或人類學的本體存在。

4.動作思維與原始語言

由於不是生物本能活動，運用工具的雙手活動迫切需要視覺的自覺配合。這種配合只有通過長時期的後天經驗習得才能獲有和鞏固。對雙手使用工具活動的注意，實際意味著對自己的活動、動作的自覺意識萌芽。即開始對自己的勞動（實踐）有了原始的表象以至記憶。這種意識萌芽為以後製造工具提供了主觀方面的前提，即為提供目的表象（工具的形象觀念）準備了條件。

與此同時，使用天然工具和製造工具總先是由個體所不斷發現和實踐的，由於其他個體模仿而在群體中傳達交流開來。這種原始勞動活動由於獲得成功並由個體傳達到群體，便得到不斷強化和鞏固。日積月累，它們日益擺脫個體活動的環境和條件的各種偶然性、獨特性以及動作中的嘗試性，而趨向定型化和簡化，並逐漸成為解決一系列某個方面任務的概括手段——技能。對這種定型化和簡化了的動作技能不斷進行模仿、操練和運用，以便在群體之中保存、熟習、鞏固和傳給下代，這種動作形式實質上乃是客觀世界的因果聯繫（規律）的最初主觀反映樣式（即在技能中保存了客觀因果規律和形式），只不過這一反映樣式是用動作，而不是用言語表現出來罷了。通過這種動作形式，將已知的和概括了的因果聯繫應用到未知的新事物上，預測因（工具和活動）果（所要達到的目的），以揭示、解決面臨的課題和任務。這實際上具有思維的性質或功能，是一種動作思維。[1] 它最後可以

---

1 兒童心理學也許能提供原始思維形式的某些旁證。在幼兒能用表象或概

發展簡化為一套象徵性的符號結構，並成為用以傳遞經驗的交際手段，如手勢語。在語言的雙重內容（作為客觀經驗的貯存而構成語義與作為傳達交流所必需的語音或符號形式）中，我更重視前一方面。這一方面便正是與所謂「思維」相聯繫的。

手勢語雖可能在人類起源時期及原始人類中占有重要地位，但它還不成為最早的語言。發聲語言也是起源極早的。古人類學關於南方古猿腦模外表形態的研究（認為與語言有關的區域有分化性的擴展）也可說明這點。作為群居動物的猿類本有用以交際和表情的聲音信號或言語（如呼喊），但由於它們不具有客觀地反映自然因果聯繫等語義內容便不成其為語言。只有在原始勞動活動中，在動作思維的活動中，一定的聲音材料（語音、音節）與這些活動逐漸建立條件聯繫，使原先這些聲音材料開始獲有反映客觀因果的內容和性質。即是說，隨著這種動作與語音的條件聯繫的發展，語音具有了語義，成為動作的相應符號，便逐漸代替動作。動作思維的形式逐漸讓位於言語思維的形式。言語將行動收攏起來，變成真正思想上的行動。由於它以一種極輕便的物質外殼（聲音）取代笨重的物質外殼（動作姿態），這就極大地便於交往傳達和進行概括。這也就是人類真正的語言。客觀事態的陳述與主體的要求、命令兩個方面都包括在內，如句子詞 (sentence

---

念進行思維之前，最先是通過嘗試性的動作，其後是通過動作的某種定型化的形式，來揭示事物的關係和屬性，以解決、認識、「思考」某些課題的。

word)。它一方面把原始經驗中的各種混沌的東西不斷地確定化，抽取概括出來，使經驗在群體中能夠保存下來和傳給下代；另一方面又不斷地相互交際傳述，運用它把群體更好地組織起來，協同活動。不是主體或對象，而是中介——使用工具活動的各個方面，大概是原始語言的中心內容。而對工具及使用工具活動的自覺意識的萌芽，通過原始語言便成為群體的最初的、朦朧的共同意識。

5.製造工具

製造工具是由個體自發的、偶然的、零散的活動逐漸變為群體有意識有目的的實踐活動的。經歷了由使用天然工具到動作思維、原始語言（意識萌芽）進而由果（即為達到目的如獲取食物）推因（使用工具的活動和工具），從而提出目的表象（工具）的過程。目的與意識一樣，在這裡已經不是動物的本能需要（食物），而是中介（工具）自身。這就使作為主體的人在心理上也開始與動物相區分。它正是主體的人在客觀實踐上與動物相區別的心理對應物。可見原始勞動（使用工具的活動）仍然是第一性的。但由於原始意識和目的的產生，也就使原始勞動向真正的人類勞動——製造工具邁進。從這時開始，「勞動終末時取得的結果，已經在勞動過程開始時，存在於勞動者的觀念中，已經觀念地存在著了」（《資本論》）。總之，偶發的、個別的、短期的使用工具，不可能誕生自由的雙手；偶然的、自發的、個體的製造工具，也不可能誕生真正的人。製造工具既需要有使用天然工具的活動作為客觀方面的基礎，也需要有萌芽形態的原始語言和目的意識作

為主觀方面的前提。它經歷了一個由物質（使用工具的本能性的勞動實踐）到精神（原始語言、意識）再到物質（製造工具）的過程。

「隨著完全的人出現，又產生新的因素——社會」（《自然辯證法》），在使用工具、製造工具的實踐基礎上，動作思維、原始語言日益成為巫術禮儀的符號工具，建構起了根本區別於動物的人類的原始社會。

（1964 年稿，原載《李澤厚哲學美學文選》，

湖南人民出版社，1985 年，長沙）

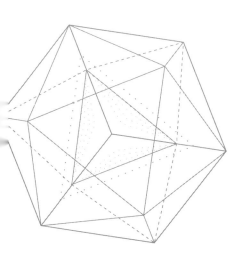

二、《批判哲學的批判——康德述評》摘鈔

摘自：第一章

　　馬克思主義哲學即實踐論，亦即唯物史觀。它一方面要研究人類物質文明的發生發展，從生產方式的客觀歷史進程，到展望人類未來的個體遠景，其中當然包括對革命、社會主義等問題的探討。但如果認為，馬克思主義或馬克思主義哲學就到此止步，甚至認為它的任務就僅僅在於研究或推動革命，馬克思主義僅僅是革命的哲學、批判的哲學，那實際上便極大地局限和束縛了馬克思當年所提出的課題和理想。除了革命，還有革命後的建設；除了物質文明的建設，還有精神文化的建設。這才可能有人的全面發展。而作為個體人的多樣、豐富、全面地發展，則正是作為目標的共產主義之特徵所在。因之，馬克思主義哲學不僅要研究革命，而且也要研究建設。這二者（革命與建設）在現實生活中經常（特別是在最初階段）是彼此聯繫和滲透著的。例如，不與舊事物、舊傳統相決裂，就不能建立新觀念、新思想；但在決裂中卻有繼承，在否定中又有肯定。在精神文明中，這種既否定又肯定、既繼承又決裂的情況更是極其複雜的。如何來注意研究這個方面的問題，提出建設兩個文明（物質文明與精神文明），正是今天真正發展馬克思主義的一個重要方向和課題。

　　我以為，正是在這裡，對康德哲學的注意具有意義。如果說，

黑格爾對人類發展宏觀進程的偉大歷史感是他的主要特徵；那麼，康德對人類精神結構（認識、倫理、審美）的探索和把握，便是基本特色所在。如果說，黑格爾展示的是人類主體性的客觀現實鬥爭（儘管是在唯心主義的虛幻框架裡）；那麼，康德抓住的則是人類主體性的主觀心理建構（儘管同樣是在唯心主義先驗論的框架裡）。今天要為共產主義新人的塑造提供哲學考慮，自覺地研究人類主體自身建構就成為必要條件。而這也就是我講的文化──心理結構問題和人性問題。

很有意思的是，當代一些不同的科學學科似乎都在趨向於對深層心理結構問題的探究或提出。確諶斯基 (N. Chomsky) 最終把語言機制歸結為某種人類普遍具有的先驗理性 ；列維-斯特勞斯 (C. Lévi-Strauss) 最終也把社會民俗結構歸結為普遍的「腦」，即人所共有的某種普遍的心理深層結構。更不必說容 (C. G. Jung) 的「集體無意識」了。儘管他們所說的問題並不相同，但在我看來，這裡似乎確有某種「家族類似」(family similarities)，而「遊戲」(game) 的核心，都是有關這個人類主體的文化心理結構課題的。

後期的維根斯坦 (L. Wittgenstein) 已經把語言與現實生活和社會交往活動（他稱之為實踐）密切聯繫起來，指出離開後者，不可能了解前者（語言），認為心理的應當從社會的來解釋。[1] 皮阿惹 (J. Piaget) 更具體地把邏輯與操作聯繫起來 ，提出了內化的理論，這些都具有重要的科學和哲學的價值。如何在馬克思主義

---

1 參看魯濱斯坦 (D. Rubinstein)：《馬克思與維根斯坦》，1981 年，波士頓。

的宏觀人類歷史學的基礎上，把上述各現代學科提出的問題和學說正確地概括起來，結合對康德哲學的研究，提出人類主體性以及文化──心理結構的哲學觀念，我以為是有意義的。

摘自：第二章

　　康德的先驗論之所以比經驗論高明，也正在於康德是從作為整體人類的成果（認識形式）出發，經驗論則是從作為個體心理的感知、經驗（認識內容）為出發。維根斯坦以及現代哲學則更多地從語言出發。語言確乎是區別於其他動物的人類整體性的事物，從語言出發比從感知、經驗出發要高明得多。但問題在於，語言是人類的最終實在、本體或事實嗎？現代西方哲學多半給予肯定的回答，我的回答是否定的。人類的最終實在、本體、事實是人類物質生產的社會實踐活動。在這基石上才生長起符號生產（語言是這種符號生產中的主要部分）。當然，語言與社會實踐活動的關係，是異常複雜的，維根斯坦也已明確指出，語言是由社會生活和社會性的實踐活動所決定，並且是由社會性的語言決定個體的感知，而不是相反。這一切都相當正確，現在的課題是如何從發生學的角度來探討人類原始的語言──符號活動與社會實踐活動（其中又主要是維持集體生存和繁殖的物質生產活動）的關係和結構。從哲學上說，這也就是，不是從語言（分析哲學）、

也不是從感覺（心理學）而應從實踐（人類學）出發來研究人的認識。語言學、心理學應建立在人類學（社會實踐的歷史總體）的基礎上，這才是馬克思主義的實踐論。真正的感性普遍性和語言普遍性只能建築在實踐的普遍性之上。馬克思說：「凡是把理論導致神祕主義方面去的神祕東西，都能在人的實踐中以及對這個實踐的理解中得到合理的解決」。[2] 而只有對實踐的普遍性有正確理解，也才能解決康德提出的「先天綜合判斷」，亦即理性和語言的普遍性。

　　世上事物本沒有什麼絕對的普遍必然，那只是一種僵化觀念。康德當年心目中的那些所謂普遍必然的科學知識，也都是相對真理，只是在人類社會實踐的一定水平意義上具有普遍必然的客觀有效性。這個有效性隨著人類社會實踐的不斷發展而不斷擴大、縮小、修改、變更。[3] 由歐幾里德幾何到各種非歐幾何，由牛頓力學到愛因斯坦相對論和量子力學，都說明康德當年看作普遍必然、一成不變、絕對適用的科學真理，很明顯地只適用於一定的範圍和條件、時期之內，只在這個限度內具有普遍必然性。可見，所謂「普遍必然」，在根本上被決定於人類社會實踐在一定歷史時期內所達到的一定水平、範圍或限度，它無不打上社會性的烙印。

2　《關於費爾巴哈 (L. Feuerbach) 的提綱》，《馬克思恩格斯選集》第 1 卷，1972 年版，第 18 頁。

3　苛訥 (S. Körner) 也認為並沒有絕對的「先天綜合」，它們是隨科學進步而成為相對的 (《康德》第一章)。分析哲學從語言的角度也強調凡經驗命題（即科學知識）均有可假性。

這種社會性是客觀社會性，因為它不是來自人們主觀觀念的聯想，不是某種人為的約定，不是先驗的規範，而是來自作為主體的人類社會實踐的客觀性的物質活動。客觀自然界的種種規律是為社會實踐所發現、所掌握、所利用、所認識，它們在一定時期一定範圍內的所謂普遍必然的客觀有效性，是由社會實踐所提供、所開闢、所證實。正是社會實踐，最後通過技術與工藝，將繁複多樣、變化多端的自然界各種外表現象（很少普遍必然），與其相對穩定的本質規律（更多一些普遍必然）逐漸區別開來，從前者中將後者逐漸抽取出來，再運用於廣大的對象和領域。皮阿惹從發生認識論論證了認識的普遍性與客觀性同動作的社會協調密切相關。沒有後者也就沒有前者。所謂普遍必然性的邏輯思維也以社會生活中的協同動作為前提。

我上面所說的，只是從人類歷史總體的宏觀角度來替代皮阿惹的發生認識論的心理學微觀角度罷了。而隨著社會實踐水平的不斷提高，人類所掌握、所認識、所抽取的，也就愈來愈具有更大的普遍必然的客觀有效性。所以，所謂普遍必然性便無不包含著一種特定的客觀社會性質。這種社會性質正是一定時期社會實踐的理論尺度。而所謂社會實踐，首先和基本的便是以使用工具和製造工具（這裡講的工具是指物質工具，例如從原始石斧到航天飛機，也包括能源——從火到核能）為核心和標誌的社會生產勞動，最後集中表現為近代科學實驗在認識論上直接的先鋒作用。有如大家所熟知，先有古代測量土地等等實踐，而後有歐幾里德的幾何；先有資本主義工廠手工業以及各種簡單機械的使用等實

踐，而後有牛頓力學和當時的數學；先有近代工業和巨大規模的科學實驗，而後有各種非歐幾何、相對論、量子力學和基本粒子的理論。另一方面，這種種科學理論又不斷地轉變為日新月異的技術和工具，轉變為直接的社會生產力。

　　包括康德哲學認識論中突出的所謂「向自然立法」的著名思想，仍然是當時科學實驗的新特徵的反映。自伽利略以來，科學家普遍運用主動的實驗向自然提出問題，使自然作出回答，以檢驗、修正和發展所提出的假說和理論，而不是簡單地觀察、描述和歸納。康德自己對這一點是非常明白的。在《純粹理性批判》第 2 版序言中，康德說：「當伽利略把他的圓球在他選定的重力作用下沿斜面滾下時，或當托里拆利使空氣攜載他事先已知的水柱重量相等的重量時，或當更近時期斯托爾以撤去金屬中的某成分，保存某物的方法，使金屬變為石灰，石灰又變為金屬時，一線光明就給所有自然的研究者打開了。他們認識到，理性所能洞察的只是它根據自己的計畫所產生的，又認識到，理性必須不讓自己好像由自然用繩子牽著走，而必須以建立在一定法則上的判斷原理展示自己的途徑，強迫自然回答理性規定的問題。偶然的觀察，不是服從於事先思想好的計畫，不會有必然規律的聯繫，而這種規律卻是理性所追求和所需要的。理性，一手帶著原理，只有與此原理一致的現象，才能看作規律；一手抓住實驗，這種實驗是依據這些原理設計的，它去接近自然是為了受自然的教誨，但這種受教並不像學生那樣事事坐聽教師所講，而應如法官一樣，強迫證人回答他所提出的問題。」[4]

　　正是在近代科學實驗的基礎上，由自然科學方法論上所展示出來的這種人的認識主觀能動性，才可能產生康德這種所謂「向自然立法」的哲學思想。為康德強調的這一特徵，到現代已愈來愈突出，愈重要，這又正是以空前規模的工業技術和科學實驗等社會實踐為根本基礎的。

　　可見，科學方法論本身也是被制約於一定社會發展水平的。波普 (K. Popper) 的強調理論假說的證偽法，以及庫恩 (T. Kuhn) 強調的反量的積累科學範式 (paradigm)，都只能產生在已經累積了不少知識，已經可以擺脫一般經驗的現代科學水平的情況和條件下。正如培根的歸納法只能產生在衝破中世紀的愚昧教條，科學真正開始面向經驗世界的時代一樣。所以前者才著重於去偽，在排去偽說中，科學理論不斷前進。而後者強調存真。在經驗知識的獲得中不斷接近真理。庫恩曾說：「大量科學知識是最近四個世紀的歐洲產物」，[5] 倒正好說明了這點。所以他們都強調科學不是從觀察──感知開始，感知、材料、觀察都是在假說理論或觀念的指導下選擇的結果。而後者當然又與一定的社會生活和觀念相聯繫。

　　這裡強調科學的普遍必然性（自然科學的真理）與客觀社會性（人類歷史）的聯繫，並不意味否認科學發展的內部邏輯。科

4　《純粹理性批判》Bxiii（A，表示德文初版本；B，表示德文第 2 版。後為頁碼。），參看藍譯本，第 10～11 頁。

5　庫恩：《科學革命的結構》第 13 章。

學分化得愈專門，愈特定，就愈不需要依靠包括社會在內的外在的動力。數學和現代理論物理等等便是證明。所以這裡所強調的都只是就其最本源的情況而說的。

數學不是邏輯，它與感性有關。但不是與康德的感性先驗直觀有關，而是與人類的感性實踐有關。有如黑格爾說，數學的抽象仍然是感性的，[6] 但這個感性主要不是感性對象，而首先是感性活動，其根源早在人類原始社會的實踐活動之中。與新康德主義卡西爾 (E. Cassirer) 把數說成是「思維的原始動作」[7] 恰好相反，數的根源在於人類實踐的原始動作，即在以使用和製造工具為根本特徵的勞動活動的原始操作中。數學的根源首先不在對外在感性事物的歸納而在對主體感性活動的抽象。數學純粹的量等等基本形式不是從歸納外在事物而來，而是從抽象主體活動而來。它所反映的客觀實在的方面，不是我們與外界世界的靜觀感覺關係，而是為哥德爾 (K. Gödel) 所模糊感到的所謂「另一種關係」，[8] 即通過人類社會的最原始最基本的一些實踐活動（主要是

---

6 黑格爾論幾何學：「綜合方法的光輝範例是幾何學。……這個抽象的對象另一方面又還是空間，一個非感性的感性東西；——直觀被提高為自己的抽象——這個直觀是直觀的形式，但還是直觀」（《邏輯學》，中譯本下卷，商務印書館，1976 年版，第 516 頁）。

7 卡西爾 (Ernst Cassirer)：《實體與功能》第 1 章。

8 「它們（指『支配數字的那個「給予的」東西』）也可能代表客觀實在的一個方面。但是與感覺相反，它們在我們內部出現，也許是由於我們自身和實在之間的另一種關係。」（哥德爾：《什麼是康托爾連續統問題》，

勞動操作）的感性形式和關係，所揭示出來的客觀世界包括數量在內的某些結構。我們規定 1+1=2，1+1+1=3，表面看來似乎是分析（定義），如羅素所認為；但它實質上是綜合，起源於對原始實踐活動——例如計數的規定和描述。此外，對操作本身的可分離性、可結合性、可逆性、恆等性、對稱性、無窮進行……的運用和把握等等也如此。這種種活動最初是對某些實物的實際操作，其後才衍化為符號的操作，而所有這些操作當時大體上是採取巫術禮儀的神祕形式出現的。

　　數學之所以不只是認識現實事物或對象，它之所以主要是一種認識的手段，具有某種超具體時空和非經驗因果的形式特徵，而與所有以經驗事物為對象的科學大不相同（後者總需要以觀察、實驗為基礎，前者的無矛盾性便是它的保證），其根本原因也就在這裡。所以，數學是人所有的特種認識工具和符號語言，如同人的物質工具一樣，但它以最純粹的形式體現了人的認識主觀能動性。這種認識能動性，從哲學上看，又仍然是人類的實踐能動性的高度抽象化的反映。數學的原始概念應從這裡去考慮和研究。數學的構造本性也應從這裡來理解。因之，數學的普遍必然，從根源上講，是抽象化了的實踐活動（勞動操作）形式本身的普遍

引自《數學哲學選集》此外，貝特 (E. W. Beth) 的某些看法（也很含混）亦可注意，如他認為數學要素中包含由原始感性經驗產生出來的「第二性對象」問題，實即感性對象間的超感知（理性）的關係作為數學要素的問題（見他的《數學思想》，1965 年）。

必然。[9]我們的實踐（包括現代的天文觀測）所達到的任何宏觀世界或微觀世界，不管它們獨特的經驗環境如何，2+2=4，7+5=12，仍然有效，原因就在這裡。數學所以能作為人類認識世界改造世界的強大工具（現代科學廣泛運用數學所獲得的巨大成就不斷證實著這一點），體現了人的認識能動性的顯著特徵，其哲學上的道理也在這裡。萊布尼茲說數學是上帝的語言，其實數學是人類的驕傲。

如果分析一下充分體現數學本質的所謂最簡單的「純粹數學」，便可發現，它基本上是由兩個成分組成的。一個成分是形式邏輯的不矛盾律（同一律）等。另一個成分是如加 (+)、減 (−)、等於 (=)、自然數等。這兩個成分和兩個方面都是人類社會原始勞動操作（實踐）的反映。例如，加 (+)、減 (−)、等於 (=)、「無窮」等，來源於原始勞動操作的合、分、可逆、恆等、對稱、進行的無限可能性等等最基本的形式。自然數在根本起源上，是由勞動操作中產生和把握的抽象的量的同一性（即所謂「純粹的量」）發展而來。對上述操作形式、結構、量的同一性等等的把握，是人類認識的一個極大飛躍，從此，世界開始被人類從量和關係的高度抽象的形式、結構方面精確認識，在這基礎上，聯結人類對感

---

9 例如，「無窮」並不是指現實世界的事物、對象的無窮（無論是無窮大、無窮小）而首先是意味人（人類）能無窮地（只要人類存在）把操作繼續進行下去，它終於反映在人類思維中，成為數學的一個不可缺少的基本概念。而人類所以能無窮地進行操作，又正是由於包括人的宇宙客觀世界是無窮的原故，所以無窮這一數學概念又可以適用於客觀世界。

性世界所產生的自由直觀能力，不斷創造出自由地理想化地反映關係、結構的能動觀念和系統（大多遠離現實原型，像純粹是從觀念世界裡推衍出來似的），成為一種認識世界無比銳利的工具。正如人不斷創造出現實中沒有原型的物質工具一樣，數學作為特種符號工具和作為對客觀現實結構的反映，這二者的關係仍是一個值得深入探索的問題。

　　但從根源上說，它是經過漫長的歷史行程，把本是與勞動操作活動的有關形式方面，加以對象化，並不斷抽象和轉化為符號操作的一些基本演算規定，如皮阿惹強調的操作可逆性 (A+B=B+A)、守恆性 (A=A) 等等。（與客觀經驗對象直接相關的部分則變為邏輯的量詞和「屬於」等觀念、符號。）數學本性具有這種綜合性質，似應可肯定。數學中形式邏輯的成分，以及形式邏輯本身，其本質則是原始勞動操作本身所要求的相對穩定性，如這樣做就不不這樣做 $(A \neq \bar{A})$ 等等。它們也是經過漫長的歷史行程，由實踐動作所要求的相對穩定性，通過「自覺注意」這一人所特有的重要心理功能 （見後），轉化為語言、思維所要求的概念、語詞的相對穩定性，以至似乎成了思維的「本性」、語言「自身」的規律。[10] 在這個轉換的抽象提升的過程中，又正是通過社

---

10 在形式邏輯基本規律的爭論中，一派主張它們只是思維、語言的天生本性，另一派主張它們是客觀世界的相對穩定性的反映。前一派是唯心主義，後一派是靜觀的唯物主義。我認為，客觀世界的相對穩定性只有通過實踐活動本身所要求的相對穩定性，才可能反映為思維的基本規律。缺少這個能動的中介，不可能理解作為思維形式和結構的形式邏輯基本

會的強制（最初由原始的巫術禮儀來保證和集中化，如巫術中的一定步法、手法、姿態、咒語、次數、序列……等等，都是極為嚴格的）而達到的。我以為，原始社會的人們對主體實踐活動同一性的嚴格要求，表現為一種巫術禮儀→道德倫理的社會指令，表現為禮儀、道德必要性。正是通過這種意識形態的強有力的活動，原始人群那種混沌不清、是非同一、夢幻般的先邏輯思維階段才能逐漸擺脫，而過渡到以遵守概念的同一性為特徵的邏輯思維階段。這是一個極為漫長的歷史行程。這個行程的成果最後才構成了數學的分析方面。總之，原始實踐勞動操作活動的結構和形式特性，在漫長的時間中，抽象、提取、內化、反映為語言、思維、邏輯、數學的本性，使它們具有了所謂普遍必然性。

可見，數學不是先天分析（休謨，邏輯實證論），不是一般的經驗歸納（穆勒），也不是「先天綜合」（康德），而是以實踐為基礎、以綜合為本性的分析與綜合的統一。計算機的出現使某些分析部分（如證明）可交給機器，將更突出數學的綜合——發現、發明的本性。當代數學哲學中的經驗主義思潮是值得注意的。

如上面所不斷提到的，我以為，在現代文獻中，關於這個問題最值得注意的是皮阿惹的一些觀點。這位心理學家以兒童心理的大量實驗作例證，反對邏輯實證論，認為邏輯不能從語言中來；

規律是如何得來的。至於實踐要求的相對穩定性終於變為思維規律，又得經過一整個原始社會意識形態的狂熱活動（如禮儀巫術）才可能固定和形成起來。這一點甚為重要，是應該深入研究的。

也反對了確諾斯基，認為邏輯不是什麼內在的理性深層結構；他強調邏輯和數學都只能從原始動作中得來。「不是從所動作的對象抽象，而是從動作自身抽象。我認為這就是邏輯和數學抽象的基礎」。[11] 他區分出兩種動作，指出「所有這些協作形式在邏輯結構中有其相平行者，動作水平的這種協同動作就是以後思想中的邏輯結構的基礎」。[12] 他從兒童心理角度指出布巴契 (Bourbaki) 三個「母體結構」都來自感知運動的協作[13]等等，都是很有哲學價值的。這種所謂協作結構正是一種「綜合」，可逆、次序、拓撲、交換律、聯合律……這些數學基本形式特徵，正是這種協同操作特徵的抽象提取。皮阿惹強調動作、操作形式，就比用感知經驗或語言作為根本來解說一切的邏輯實證論者（經驗論）和用理性內在結構來解說語言的確諾斯基（唯理論）要勝過一籌。可惜的是，儘管他從心理學看出動作、操作在形成人的邏輯思維和原始數學觀念過程中的基礎作用，卻不能從人類學的社會歷史整體行程中來說明它們，從而把動作、操作作了離開作為歷史總體的社會實踐這個根本要點的解說。具體地說，他沒有充分注意使用工具在操作動作中的巨大意義和特性，工具作為中介所帶來的客觀世界的因果規律性的連結和滲入等等，從而不可避免地最終在一定程度上歸宿於生物機制，有意無意地沖淡了人的認識能動性與動物

---

11 皮阿惹：《發生認識論》第 1 講。

12 同上。

13 皮阿惹：《結構主義》第 2 章。

的根本區別，忽視了強制教育對人類，特別是對兒童的巨大作用。

實用主義者也講工具、操作、實踐等等，認為認識是主體與境遇 (situation) 的相互關係，思維實質上是動作活動，而概念不過是一組操作的規定 （如操作主義者布利治曼〔P. W. Bridgeman〕）。杜威說：「法則乃是經由操作……去決定的工具」，[14] 邏輯是實驗的探究活動將混沌質料構造出知識來。劉易士 (C. I. Lewis) 說：「一個客觀事實意味著通過我們的活動而可實現的經驗的特定可能性」[15] 等等。他們用所謂實踐操作，代替康德的先驗形式，作用於對象以構成知識。但是，實用主義所講的實踐、操作等等，從根本上講，並不是歷史具體的人類社會實踐，而是適應環境的生物性的活動。實用主義雖強調工具的重要地位和作用，但是，實用主義講的工具是包羅萬象的東西，他們把理知、思維也當作工具。這就恰恰掩蓋了人類使用和創造物質工具的歷史性的意義，忽視了物質性的勞動操作活動（物質生產）在人類起源和社會發展中的基礎意義，沒有把握住人的現實感性活動的本質所在。實用主義在工具的旗號下，把物質工具與思維工具、實踐活動與理知符號活動混為一談，不認識物質工具對實踐的本質規定意義。

作為實證主義的一個派別，與其他派別把一切認識歸結為感覺材料一樣，他們最終也是把「先天綜合判斷」歸結為生物反應。

---

14 杜威：《邏輯》。

15 劉易士：《知識和價值的分析》。他也是反對康德的「先天綜合」的。

馬克思主義實踐論與此相反，恰恰是要承認和強調人類的實踐活動的超生物性質，這樣，才可能使人的認識有超生物的性質。這種超生物性質首先是通過使用和製造工具才取得的，正是這種勞動活動（實踐）使猿變成人。

　　應當「糾正、加深、概括、擴大」[16]康德的論點，所謂「糾正」在這裡就是把康德所強調的普遍必然性問題要放在具有一定客觀社會性的人類整體歷史的基礎上來考察。即使是自然科學，也要和社會歷史聯結起來。例如似乎與社會生活和經驗世界毫無關係的獨立自主真理形式（如數學），其最終根源也仍在社會實踐的最初基本形式——原始操作活動中[17]如同物質生產——勞動操作展現了人類實踐的能動性一樣，符號操作——數學構造正好展現著人類所特有的認識能動性，而這種能動性便正是人類主體性的文化心理結構的一個重要方面，即人類的文化——智力結構中的一個基本因素。從心理學上講，它也正是由實踐——操作活動的內化而成的。用傳統的馬克思主義的話語講，它就是對社會實踐活動的一種「反映」。這才是我所理解的馬克思主義能動的反映論——人類學本體論的實踐哲學。可見，本書所講的「人類的」、

---

16 列寧：《哲學筆記》，1974 年版，第 190～191 頁。

17 在康德研究注釋者那裡，也向來有兩種傾向。主要的傾向是把康德完全拉向唯心主義，把人的主觀能動性完全說成是精神的力量。也有人企圖作實在論的解釋，最早如黎爾 (A. Riehl)，但最多仍只能到達舊唯物主義的水平。總之，不懂人的實踐能動性，也就不能解釋康德提出的認識能動性。

「人類學」、「人類學本體論」，不是西方哲學人類學的那種離開具體的歷史社會或生物學的含義，恰恰相反，這裡強調的正是，作為社會實踐的歷史總體的人類發展具體行程。它是超生物族類的社會存在。所謂「主體性」，也是這個意思。人類主體性既展現為物質現實的社會實踐活動（物質生產活動是核心），這是主體性的客觀方面即工藝——社會結構亦即社會存在方面、基礎的方面。同時主體性也包括社會意識亦即文化心理結構的主觀方面。從而這裡講的主體性心理結構也主要不是個體主觀的意識、情感、欲望等等，而恰恰首先是指作為人類集體的歷史成果的精神文化：智力結構、倫理意識、審美享受。研究康德哲學正是應該把康德說成是先驗形式的認識範疇、純粹直觀、絕對命令、審美共通感等等還它們以本來面目，即給予它們以社會歷史的具體根源及其具體發展的過程，這就正是研究人類學本體論和主體性問題的一個（也只是一個）重要方面。

摘自：第三章

　　康德的時、空觀實質上是接受了洛克兩種性質的區分。[18] 但

---

18 康德雖也直接繼承洛克，也把洛克的「第一性質」歸於現象，似與巴克萊把「第一性質」歸於「第二性質」有相同之處，但由於康德強調「提

如叔本華所指出，康德是把它們都放在現象界之內，否認是「物自體」的性質。在康德看來，「第一性質」所以比「第二性質」（主觀感覺）具有普遍必然的客觀性質，是由於它有先驗的時、空形式和知性範疇。巴克萊把洛克的「第一性質」統統都拉到「第二性質」的範圍內，從而都是主觀感覺，是經驗論的唯心主義。康德看到兩者的區分，卻把「第一性質」的物質性取消，把時、空歸為先驗形式。這是進一步的抽象，是形式論的唯心主義，如同康德自己所承認的那樣。從巴克萊到馬赫，宣揚的是感知經驗的主觀唯心主義。康德提出的，則是認識形式的唯心主義。一個突出心理的具體感知，一個突出認識的普遍形式。時、空與其他感知確乎不同，這種不同，如前所述，乃在於時、空表象不僅通過人的個體感官，而且更重要的是從社會實踐獲得的。時、空所以成為人類的認識形式，人所以只具有時、空這兩種感性框架（表象、觀念），是因為人的社會實踐活動作為物質世界的一部分，是

供現象之物的存在並不因之消滅」（《導論》第 13 節，附錄 2），即強調「物自體」之存在，因而不同於巴克萊（參看《批判哲學的批判（康德述評）》第七章，以下簡稱本書）。康德由於人們把他等同於巴克萊十分氣憤，說「它出自一種有意的無可饒恕的誤解，好像我的學說把感性世界的一切事物都變成了僅僅是假象」（同上，附錄 3）。此外，康德在《判斷力批判》中還分出客觀感覺和主觀感覺，前者如綠色草原，後者如這草原在心中所引起的愉快，前者與知覺相聯，後者與情感相聯。這大概是從莎夫茨伯里 (Shaftebury)、赫起生 (F. Hutchson) 的所謂「第三性質」而來。康德哲學中的英國經驗論的影響非常突出，應重視這一因素。

以一定的先後延續和上下左右的活動場所來表現其現實的存在的。因之它最早要求一種社會客觀的規定。這裡，社會（非個體）實踐（非感官知覺）是關鍵性的中介環節。所以，儘管動物也可以有某種定向反應之類的時、空感覺，但那與人的時、空表象或觀念，仍有本質的不同。時、空表象所以與聲、色、香、味以及動物生理的感覺根本不同，也是這個緣故。

　　個體感知性的反映，主觀性和差異性很突出。對時、空的反映，卻要求語言符號的社會性的嚴格規範。儘管個體對時、空的心理感受，也可以有如對聲、色、香、味以及冷暖等等同樣的主觀性和差異性。例如，時間便有很不相同的主觀體驗。「對於個人，存在著一種我的時間，即主觀時間」。[19]「真實的」時間本是一種個體的、主觀的、不同質的，但這一方面除了在藝術中和某些日常生活中，一般處於次要的地位。更重要的是，它們在社會生活和科學認識中的一致性。時間所以取得一種同質性的規定，正是社會的緣故；即使是強調時間的所謂「綿延」(duration) 特性（時間相互滲透，不可分割為過去、現在、未來）的唯心主義直覺論者柏格森也承認，與他著重主觀心理感受剛好對立，社會生活的要求產生了時、空的科學觀念。柏格森說，「我們的知覺、感覺、情緒、觀念卻呈現兩個方面。一方面是清楚準確的，不屬於任何個人；另一方面是混雜紊亂的，變動不停、不可言狀的」；

---

19 愛因斯坦：《相對論的意義》，《愛因斯坦文集》第 1 卷，許良英、范岱年譯，商務印書館，1976 年版，第 156 頁。

「語言把後者變為前者，成為公共的東西」；「這是由於……社會
生活實際上比我們內心生活和私人生活更為重要，我們本能地傾
向於把印象凝固化，以語言表達之」；「科學要從時間中去掉綿延，
從運動中去掉可動性，才能處理它們」。[20]柏格森企圖貶低這一方
面的哲學意義，認為它們不是時間的「本質」，真正具有本質意義
的時間是那種不可言狀的個體主觀時間。但是，它卻恰恰相反地
說明了，時、空的觀念本質正在於它們的客觀社會性。也正是社
會給時、空一種規範式的表現方式，如年月、鐘錶、輿圖、指標
等等，使人們在生活、實踐中協調一致，正是這一方面具有人類
學（歷史總體）的哲學內容和意義。

　　但是，這並不如現代某些人所說的那麼簡單，「由於使用了一
個鐘，時間的概念就變成客觀的了」。[21]時、空概念不是人為的約
定，不是「整理感覺經驗的工具」[22]或「為了更容易理解我們的

---

20 柏格森：《時間與自由意志》第 71、79、80 節。柏格森對時間問題的一
　　個重要貢獻，在於他突破了牛頓那種靜止的、無限可分的、與實體無關
　　的空盒子式的時、空觀，強調了時間的每一瞬間均有其與實體事物不可
　　分離的個性性質。它不是電影的膠片（每一片只存在於一瞬，彼此排斥
　　而相繼，即分割隔離空間化了），而是電影本身（不是平行相繼，而是後
　　包含前，有因果聯繫）。當然，柏格森是用主觀唯心主義來論證這一切
　　的。愛因斯坦科學地論證了時、空與物質（實體）的存在（運動）不可
　　分割。

21 愛因斯坦、英菲爾德：《物理學的進化》。

22 馬赫 (E. Mach)：《力學及其發展的歷史批判概念》。

感覺經驗而設計的手段」，[23] 或「空間的一致性是一個定義問題，同樣，時間的一致性也是定義問題」。[24] 事實上是通過不同時期的社會實踐，才形成不同歷史時期的人們時、空表象和觀念。從牛頓那種空盒子式的時、空觀，（那種空間化的時間觀）到今天相對論的時、空觀，表現為人們的時、空觀通過社會實踐的不斷前進發展。[25]

所以，空間化的時間觀，儘管似乎不符時間本性，但在歷史上有其合理的存在根據。在遠古，原始人們的時、空觀是如孩童般地混雜不清、「綿延」一片的。隨著社會的進步，才開始有了初步的區分形式，但古代人們的時、空觀也還經常與現實生活或某些特定事物密不可分地相聯繫，與特殊的內容糾纏在一起，還沒有什麼普遍的形式。例如，時間與季節或節令，空間與方位（中國古代東、南、西、北、中與農業生產的關係等）。原始人與兒童的時、空觀的狹隘性和具體性，更是眾所周知的。它們都表現出人們對客觀時、空的認識和把握，制約於社會實踐的歷史性質。它們相對的普遍必然性，正是一定的客觀社會性的表現。

---

23 愛因斯坦：《狹義與廣義相對論淺說》。

24 萊辛巴哈 (H. Reichenbach)：《科學的哲學的興起》第 9 節。

25 關於康德的時、空觀與現代物理學，可參看卡西爾《實體與功能》、加耐特 (C. B. Garnett)《康德的空間哲學》。前者認為康德與愛因斯坦不但不矛盾，而且相一致；後者強調《純粹理性批判》一書中感性論與分析論中的時、空觀有所不同，分析論中的時、空觀可與現代物理學符合，感性論中的時、空觀則否。

　　從而，康德講的那種絕對的普遍必然的先驗時、空形式就並不存在。康德用數學來論證，也是枉然。歷史說明，最早的希臘算術是從處理羊、水果等的計數活動中，幾何是從測量面積體積等實踐活動中開始形成的。「數和形的概念不是從其他任何地方，而是從現實世界中得來的。人們曾用來學習計數，從而用來作第一次算術運算的十個指頭，可以是任何別的東西，但是總不是悟性的自由創造物。……形的概念也完全是從外部世界得來的，而不是在頭腦中由純粹的思維產生出來的」。[26]算術所以與時間緊密相關，是由於如自然數以及加減等連結詞，主要是主體在時間中的活動操作（如不斷重複的同一動作與形成數字 1 的觀念有關，加減與作為主體勞動操作的基本形式的分與合有關等等）而獲得。2+2=4，7+5=12，如上一章所指出，不可能是觀察外物歸納而來，它是對原始操作活動的符號化的規範，所以與時間相關。反過來看，時間觀念的形成又恰好建立在用數來計算、測度的實踐活動基礎之上。[27]幾何所以與空間相關，也主要是由於如位置、直線、曲線等等，通過主體使用工具、製造工具的勞動活動，對空間的支配、利用而獲得。初生嬰兒、原始人群便不能有這種空間觀念。總之，人們不是在靜觀的對外物的觀察歸納中，也不是在先驗的

---

26 《反杜林論》，《馬克思恩格斯選集》第 3 卷，1972 年版，第 77 頁。

27 「致命的錯誤在於：認為先於一切經驗的邏輯必然性是歐幾里德幾何的基礎，而空間概念是從屬於它的。這個致命錯誤是由這樣的事實所引起的：歐幾里德幾何的公理構造所依據的經驗基礎已被遺忘了。」（愛因斯坦：《物理學和實在》）

純粹直觀中，而是在能動地改造世界的勞動操作實踐中，去認識時空，並逐漸把它們內化、移入為包括時、空在內的人們一整套認識形式和心理──邏輯結構。客觀活動的規律變而為主體的認識工具和手段，正是意味著活動、實踐在改造客觀世界的同時，也改造了人們的主觀世界。認識內容如此，認識形式和結構，也如此。數學便是這種形式結構的一個極為重要的方面，也是人們認識世界形式結構方面的強大武器。

　　與時、空在根源上有密切連繫的數學，雖然來自現實世界的實踐活動基本規範。但也如恩格斯所指出，「從現實世界抽象出來的規律，在一定的發展階段上就和現實世界脫離，並且作為某種獨立的東西，作為世界必須適應外來的規律而與現實世界相對立」。[28] 康德的先驗唯心主義就是這樣，它把從現實抽象出來的形式說成為世界必須適應的先驗形式。「兩點之間直線最短」，本來來自億萬次人類實踐活動，獲得了「自明」公理的性質，康德卻說成是自然界必須適應的、由人類理性頒布的「先驗」規則。實際上，從數學發展歷史看，數學與感性時、空，由直接關係發展到沒有直接關係，由可感知的超感知關係發展為一整套超感知的形式結構，正是對客觀現實關係的深入把握，同時也開拓了認識深化的途徑。愛因斯坦一再明確指出，幾何空間是由物理固體的間隔性、由物理空間發展而來。而近代工業技術和科學實驗的實踐活動，產生了各種非歐幾何，更是如此。由日常生活中的歐幾

28　《反杜林論》，《馬克思恩格斯選集》第 3 卷，1972 年版，第 78 頁。

里德空間到似乎很難感知和想像的非歐幾何空間，這並不只是邏輯的可能進展，同時更是我們對客觀關係深入認識的重要途徑。[29]

上下左右的空間表象，先後相繼的時間表象，以及從算術、幾何到今天各門數學科學，從牛頓力學的時、空觀到相對論的時、空觀，都經歷了一個由狹隘到廣闊、由簡單到複雜、由初級到高級的發展過程。隨著社會實踐的不斷前進，它們還將不斷前進。所以，康德時、空觀中特別有意思的是，它強調了時、空與感性直觀的聯繫，這一點我以為至為重要。時、空既不是概念、理性，也不同於被動的純感覺如色、味、香、暖之類，而在於這種感性直觀中積澱有社會理性，因之對個體來說，它們似乎是先驗的直觀形式，無所由來；然而從人類整體說，它們仍然是社會實踐的成果。這種成果便不同於如形式邏輯那樣，只是操作活動的「內化」，即外在實踐活動轉化為內在理性結構；而更是積澱，即社會理性積累沉澱在感性知覺中。前者（內化）是邏輯，後者有與審美相關的「自由直觀」的因素，數學的發生和發展有賴於這兩個方面。這個過程還有待心理學的具體研究，特別是它與皮阿惹所說「內化」的關係等等問題。這裡只是從哲學上提出這個觀念而已。

---

29 但即使是種種符號演算的形式系統，最終又仍與歐幾里德空間，也即是與人類日常實踐活動的空間，並不完全脫離關係，包括符號演算本身就在歐幾里德空間之內。

摘自：第四章

在康德那裡，因果範疇之於自然科學（物理學）猶如時、空感性直觀之於數學，它們是保證這些科學成立的「先驗」要素。因果問題恰恰也是現代物理學理論的重要課題。圍繞著這個問題，有過影響頗廣的一些觀點和爭論。在這些觀點和爭論中，康德不斷被人提到。現代西方自然科學的哲學著作中，很多都提及或追溯到康德（卻絕少或根本不提黑格爾，黑格爾狡獪地避開了因果問題）。[30]

海森堡說：「康德說，每當我們觀察一個事件，我們都假設有一個居先的事件，跟著那個事件必有另一個事件按著某種規律發生，這如康德所論述，是一切科學工作的基礎。……由此可見，因果律歸結為科學研究方法，它是科學能夠成立的先決條件」。[31]但海森堡緊接著指出，這在現代物理學中是行不通的。因為在微觀世界中，古典的機械因果的決定論已經為統計性的機率所替代。於是說因果律不存在了，甚至說電子有「自由意志」等等。因果問題與存在（實體）問題本是聯繫在一起的，對因果律的否定，

---

30 參見黑格爾：《哲學全書：邏輯》。

31 海森堡 (W. Heisenberg)：《物理學和哲學》第 5 章。

也是對不依存於觀察者主體的客觀世界的否定。海森堡說：「原子和基本粒子本身也不像是真實的。與其說它們構成一個物和事實的世界，不如說構成一個潛能或可能性的世界」。[32] 波爾 (N. Bohr) 則提出互補原理作為統一人類知識的認識論，強調「客體和測量儀器之間的不可控制的相互作用」，主客體界限不能確定從而可以任意劃分，心理學的東西與物理的東西彼此「互補」，以及由知覺的主體創造出客體。波爾說，「任何觀察都需要對現象過程進行一種干擾，這使我們失去因果描述方式所依據的基礎。從而自然本身對我們所談論的客觀存在的現象的可能性加上了限制……」；「因果性可以認為是我們用來將感官印象加以條理化的一種知覺形式」；[33] 如此等等。

　　某些邏輯實證論者也走著這條道路。艾比 (M. Aebi) 斥責康德的因果必然思想導致了黑格爾的決定論。萊辛巴哈反對康德的「凡事總有原因」的因果先驗範疇。他說：「這個論證是謬誤的。如果我們要尋找一個特殊原因，我們不必一定假設一個原因存在。我們可以讓這個問題掛著。正好像到底是什麼原因那個問題一樣。」[34]「經驗論者休謨……高出於唯理論者康德……。」[35]「時常有人說，這專門是量子力學中的問題……，然而這是對問題性

---

32 同上書，第 9 章。

33 波爾：《原子論和自然描述》。

34 萊辛巴哈：《科學的哲學的興起》第 2 部分，第 7 節。

35 同上。

質的誤解。即便在經典物理學中,我們也要解決觀測之外事物的本性問題。……假定我們看到一棵樹,然後我們把頭轉開去,我們怎能知道這棵樹在我們不去看它時仍舊在它的位置上呢?」[36] 這很明顯是巴克萊主義了。

　　情況是複雜的。在由康德退到巴克萊的總傾向中,也可以看到一些人的觀點是徘徊在休謨與康德之間,或不斷由休謨走向康德,並且後一種傾向愈來愈在替代前一種。量子力學的現代文獻承認了因果性。量子力學著名人物玻恩 (M. Born) 認為,「因果性就是這樣一個原理,我們把它定義為一個信念,即相信可觀測情況相互之間存在著物理依賴性」;「它們的確在物理學之外,並且要求信仰的活動」。[37] 邏輯實證論者艾耶爾 (A. J. Ayer)、費格爾 (H. Fiegl) 也都在不同程度上有由休謨走向康德的趨向,即逐漸承認並不能把一切科學歸結為經驗 (感覺材料)。萊爾 (G. Ryle) 等人也注意到範疇涉及的並不是語言運用的問題。連羅素後來也承認有非分析(邏輯)、非經驗的某種東西。儘管他們在表面上激烈地駁斥和反對著康德,實際上卻趨向於承認康德的「先天綜合」。他們提出的邏輯(分析)如何能應用於經驗(綜合),科學中的概

---

36 萊辛巴哈:《量子力學的哲學基礎》,中譯本,第 30 頁。當然,萊辛巴哈還有一些觀點,不滿足於邏輯實證論,認為理論不能完全還原於「觀察命題」,表現出肯定某種獨立的物理世界的實在論傾向。

37 玻恩:《關於因果和機遇的自然哲學》,中譯本,第 127 頁。羅素《人類的認識》:「對某一類外部因果性的確信,是一種原始的、在一定意義上是動物行動所固有的信念。」

念成分與經驗成分如何可能結合等問題，這些都可說是變形了的「先天綜合判斷如何可能」罷了。

　　包括愛因斯坦的某些哲學觀點，也是如此。作為偉大科學家和思想家的愛因斯坦，堅持有不依存於人的客觀世界及因果規律的存在，這一點比量子力學的哥本哈根學派的哲學觀點要高明。[38]但他又認為，儘管如此，因果仍是一種無法加以證明的「信念」。從而，愛因斯坦一方面說，「相信一個獨立於感知主體的外在世界是一切自然科學的基礎」。[39]另一方面，他又認為，概念雖由經驗提示，但並不是由經驗歸納而來；相反，感覺經驗是被我們的概念所組織整理而成為知識的，這些概念是「自由的創造」，但它們之所以有認識價值，又仍然必須與一定的感性材料相聯繫。

　　愛因斯坦一再地說：

　　「我們的一切思維和概念都是由感覺經驗所引起的，所以它們只對於這些感覺經驗才有意義。但另一方面，它們又都是我們心靈的自由活動的產物，所以它們絕不是這些感覺經驗內容的邏輯推論。」[40]

---

38 愛因斯坦不承認機率在微觀世界中的意義是不對的。但他在哲學上卻比量子力學的那些代表人物要清醒得多。他痛斥「自由意志」為胡說，同時他也指出，「我們目前應用因果原理的辦法是十分粗糙和膚淺的。……量子物理學向我們揭示了非常複雜的過程，為了適應這些過程，我們必須進一步擴大和改善我們的因果性概念。」（《關於因果性和自由意志的對話》，參看普朗克：《科學往哪裡去》）

39 《馬克斯威爾對物理實在觀念發展的影響》，見《馬克斯威爾紀念集》。

「在我們的思維和我們的語言表述中所表現出來的各種概念，從邏輯上看來，都是思維的自由創造，而且都不能從感覺經驗中通過歸納而得出來。」[41]

「即便看起來，觀念世界是不能用邏輯的方法從經驗中推導出來的。在某種意義上，它是人類心智的創造，並且要是沒有這種創造，就不可能有科學。但儘管如此，這個觀念世界還是一點也不能離開我們的經驗本性而獨立，正像衣服之不能離開人體的形狀而獨立一樣。」[42]

愛因斯坦在這裡幾乎完全重複康德。[43]差別僅在於，愛因斯坦強調的是任何概念（而不只是康德所固定不變的十二範疇），是「自由創造」（而不是康德的「先天」）。這種差別當然是非實質的。正如愛因斯坦自己所承認：「這裡所主張的理論態度和康德態度的差別，僅僅是我們並不認為『範疇』是不變的（受知性的本

---

40 《空間—時間》，見《英國百科全書》，1955 年版。

41 《論羅素的認識論》，見席浦 (P. A. Schilpp) 編《羅素的哲學》。

42 《相對論的意義》。

43 愛因斯坦的哲學觀點是相當混雜的，也有許多變遷。如果粗略地說，可大體概括如下：⑴相信不依存於人的自然規律的客觀存在性質；⑵對這種客觀規律性的信念即宗教感情（即斯賓諾莎的上帝）；⑶對這種客觀規律性的掌握不能通過感知，而是通過思辨，但須由感知來檢證；⑷所以，非歸納（經驗），也非演繹（邏輯），而是自由的想像才能發現這種客觀規律，並不斷創造簡單明曉的基本概念來表述。愛因斯坦徘徊在唯理論與經驗論之間和尋求這二者的統一。這一基本狀況，與康德是頗為近似的。

性制約的），而認為它（在邏輯意義上）是一種自由約定。如果不一般地規定範疇和概念，思維就會像在真空裡呼吸一樣，是不可能的，僅在這一點上，這些範疇才好像是先天的。」[44]

康德如果活在今日，大概也會贊同愛因斯坦的上述觀點。康德所以提出既不同於分析也不同於綜合的先天綜合判斷，與愛因斯坦這裡提出的既非邏輯推演也非經驗歸納的「自由的想像」，在某種意義上可說是同一個問題，即人的創造性的認識活動和功能。這種功能和活動究竟是怎樣的，是至今並不清楚極待研究的哲學和科學問題。現代自然科學的重大特徵之一，正如愛因斯坦強調反對以可觀察量（經驗實在性）為準繩，認為理論不是發現而是發明；先有理論，後有觀察，而任何真正系統的理論總有不可觀察、非經驗所能確證的方面、內容或因素一樣，是通過高度的數學抽象與特定的經驗材料相聯繫主動地建構抽象理論和理想模型，能先於經驗和觀察而推演和預見出新的現實。人的創造性心理功能日益在這裡現出它的作用和威力，深刻地展示了人的認識能動性，這不是經驗論的歸納法或邏輯主義所能解釋的。所以康德主義的暗影在自然科學家的思想裡浮動，便完全可以理解了。量子力學和愛因斯坦正是有代表性的例證。在三〇年代，帕頓(H. J. Paton) 已看出：「……在量子力學和相對論中，科學家們自己發現了詩論和矛盾……，甚至斷言：時間只是人類觀察事物的方式，它不能在物理世界中發現；我們只有測量，而並沒有我們

---

44 《回答》，見席浦編《愛因斯坦，哲學家—科學家》。

所測量的對象。這些斷言都是完全獨立於康德的影響下出現的，卻非常像是康德學說的復活。」[45]

　　恩格斯早就說過：「在哲學中幾百年前就已經提出了的、早已在哲學上被廢棄了的命題，常常在研究理論的自然科學家那裡作為全新的智慧出現，而且在一個時候甚至成為時髦的東西。」[46]事情不正是如此嗎？何況康德提出的這個命題尚未完全廢棄。

　　另一些更老的新康德主義者，則企圖把因果歸結為一種進化而來的先天生理結構。朗格 (F. A. Lange) 說：「也許有一天，因果概念可以在身體的反射運動及同情興奮的機制中找到，這樣，我們就當把康德的純粹理性批判翻譯為生理學。」[47]認為因果觀念是進化而來的先天生理結構，至今也仍為一些人所喜愛或探究，[48]

---

45 帕頓：《康德的經驗形而上學》第 2 章。又，沃曼 (B. B. Wolman) 說：「理論物理學家，在他們之中有波爾、布羅德依、愛丁頓、愛因斯坦、海森堡、瓊斯、普朗克、薛定格，都是今天物理科學的傑出的哲學領導者。他們並不相信赫和維根斯坦，普朗克曾尖銳地批評過邏輯實證論，愛因斯坦……並不管卡爾納普和萊爾，他的認識論不是邏輯實證論的繼續……」（《基於心理學與科學的哲學》，見《心理學手冊》，1973 年）。這些理論物理學家的哲學傾向並不一樣，如普朗克的實在論傾向與薛定格的主觀唯心主義，但共同反映了立足於現代物理科學的這些人的哲學傾向已非休謨主義（邏輯實證論）所能籠住，許多人在走向康德主義。參看本書第一章。

46 《自然辯證法》，《馬克思恩格斯全集》第 20 卷，1971 年版，第 383 頁。

47 《唯物論史》下卷，第 2 章。

48 例如海森堡便同情地談到遺傳的觀點。又如一些語言哲學家認為語言結

雖然這很早曾為人所駁斥。[49]不過這仍是很值得重視的。因為歷史的進化在人們大腦皮層等生理結構中大概會留有某種影響，這是值得探索的生理科學的艱難課題。特別從積澱的哲學觀念來看，正是需要生理學——心理學來具體地、科學地找出由社會（歷史）到心理（個體）的通道。也可以說，由深層歷史學到深層心理學，由社會實踐和歷史成果到意識和無意識的心理機制，也許正是未來哲學和科學的前進方向之一。而這，也是徹底解開康德先驗論之謎的科學前提。當然從哲學認識論來看，遺傳只是一種生理學的潛在可能性，要它轉化和發展為現實性，又還得通過社會實踐（對個體來說便是教育）才能真正展現出來。

　　恩格斯非常注意因果問題，曾經一再講到它。恩格斯說，「單憑觀察所得的經驗，是決不能充分地證明必然性的。post hoc〔在這以後〕，但不是 propter hoc〔由於這〕。……但是必然性的證明是在人類活動中，在實驗中，在勞動中：如果我能夠造成 post hoc，那麼它便和 propter hoc 等同了。」[50]「由於人的活動，就建立了因果觀念的基礎，這個觀念是：一個運動是另一個運動的原因。的確，單是某些自然現象有規則的依次更替，就能產生因果觀念：隨太陽而來的熱和光；但是在這裡並沒有任何證明，而且

構的根源可能是生物學的，也可參看確謨斯基的深層結構說等等。

49 例如日本人桑木嚴翼在其通俗的《康德與現代哲學》一書中便指出用進化論來解釋這點，是根本沒有了解康德先驗論的哲學含義。

50《自然辯證法》，《馬克思恩格斯全集》第 20 卷，1971 年版，第 572 頁。

在這個範圍內休謨的懷疑論說得很對：有規則地重複出現的 post hoc〔在這以後〕，決不能確立 propter hoc〔由於這〕。但是人類的活動對因果性作出驗證。如果我們用一面凹鏡把太陽光正好集中在焦點上，造成像普通火一樣的效果，那麼我們因此就證明了熱是從太陽來的。」[51]所謂因果，就是指事物之間具有的必然聯繫，這種聯繫的發現和形成因果觀念，的確不是通過一般的感知、觀察、歸納所能得到，所以它不是動物所能具有。它必需通過漫長的人類集體的社會實踐活動才能得到，是人所特有的理性認識方式。

　　認識如何可能，根本上，源起於人類如何可能。只有從後一問題出發，從人類的社會存在來看人類的社會意識，包括因果之類的認識範疇，才能歷史唯物主義地解答問題，也才是貫徹「不離開人的社會性」這一馬克思主義實踐論的觀點。從起源說，人的實踐活動不同於動物的生存活動的最根本之點，在於他使用工具、製造工具以進行勞動。人所獨有的雙手和直立姿態便是使用工具的成果。[52]人類使用工具、製造工具的勞動實踐活動的特點，不但在於伸延了肢體器官，更重要的是它開始掌握外界自然法則來作用於自然。首先，使用工具、製造工具的實踐活動的多樣性

---

51 同上書，第 573 頁。

52 康德認為人的直立姿態不是自然形成而是理性的人為。他說，自然把人作為動物保存，人的理性卻使人直立；直立對於作為生理姿態並不有利，但這樣卻符合人的目的，使他大大優越於動物（《對人與動物構造區分的評論》，1771 年）。這個兩百年前的素樸觀點是很有意思的。

特點（不同性能不同形狀的木棒、石器、骨器的多樣，把持使用
方式的多樣，操作動作姿態的多樣……），從根本上打破了任何動
物種類的既定肢體、器官和能力的固定性、狹隘性、特殊性，是
任何動物的任何肢體、器官的活動（無論是銳牙、利爪、飛腿、
雙翼）或任何能力（無論是跑、捕、攀）所根本不能比擬的。後
者作為動物的生存活動，只能把自己的活動及活動的肢體、器官、
能力束縛在、局限在、固定在若干極其狹窄的客觀因果聯繫之中，
使這些少數的、特定的因果聯繫逐漸變成本能性的東西，一代代
遺傳下去。前者卻大有不同，它由於對現實世界主動地造成極為
多樣和廣泛的大量客觀因果關係，現實物質世界的各種各樣的客
觀因果聯繫便作為屬性、「規律」被日益深入和廣泛地揭示出來，
保存在、鞏固在、積累在這種勞動實踐活動之中。這裡可以鮮明
地看到由量到質的轉換和飛躍。由少量的、本能式的到大量的、
非本能的使用和製造工具，在自然史上開始了由猿到人的偉大過
渡，這個過渡的根本基礎，正是這種原始的勞動活動。這個過程
中，原始操作提煉凝縮為動作思維，再與言語聯接，逐漸轉化為
語言——思維的觀念系統（如前面已一再強調，原始巫術禮儀在
這個轉化中起了決定性的中介作用）。

　　因之，究其最終根源，客觀因果規律之能為人所反映、掌握，
成為因果觀念之類的認識的重要範疇，首先是由於人類社會實踐
活動的結果，而不是靜觀的感知、觀察、歸納的結果。恩格斯說，
「隨著手的發展、隨著勞動而開始的人對自然的統治，……他們
在自然對象中不斷地發現新的、以往所不知道的屬性。」[53]因果

就是這樣經過原始語言，逐漸反映在人的意識之中。它本身又有一個由具體到抽象的提升發展的歷史過程。開始的因果觀念是極為具體地與特定事物和觀念密切聯繫在一起的（可參看原始民族原始社會的大量研究材料）。由這些具體因果觀念再逐漸概括和抽象為「凡事總有原因」的因果範疇，更經歷了漫長的歷史時期。[54] 它在本質上不能等同於一般的歸納，而是人類實踐的必然產物。至於因果作為辯證範疇正式提出和使用，正如陰陽五行、「相反相成」、矛盾統一的範疇一樣，是在晚得多的時候。

恩格斯說：「辯證的思維——正因為它是以概念本性的研究為前提——只對於人才是可能的，並且只對於較高發展階段上的人（佛教徒和希臘人）才是可能的，而其充分的發展還晚得多，在現代哲學中才達到。」[55] 總之，範疇不是一般感性的經驗歸納（經驗論），也不是理性的先驗演繹（康德），不是邏輯假設和情感信念（邏輯實證論），不是操作的規程（實用主義），[56] 不是生理的結構（朗格）。它們不是任何個體的感知或經驗的歸納，而是人類社會的歷史實踐的內化成果。從無意識的原型到有意識的符號，到抽象的辯證觀念，都只有建立在這種有著社會歷史內容的實踐基礎上。對實踐作實證的（等同於感知經驗）和主觀主義的解釋，

---

53 《自然辯證法》，《馬克思恩格斯全集》第 20 卷，1971 年版，第 512 頁。

54 皮阿惹從兒童心理學研究因果等觀念的發生發展，其中有許多正確論斷。

55 《自然辯證法》，《馬克思恩格斯全集》第 20 卷，1971 年版，第 565～566 頁。

56 參看本書第二章。

便不能說明這點。

不只是辯證範疇，一般地說，由感覺、知覺等感性階段上升為普通的概念、判斷等理性認識，已是人類獨有的認識中的飛躍，是認識能動性的具體表現。這個飛躍也是以實踐為基礎，通過語言符號在人類社會的集體中完成的。因此具有語言符號為外殼的概念（詞）和判斷、推理形式，對一個個體（例如兒童）的感知來說，似乎是「先驗的」知性形式，好像康德講的「先驗的」知性概念加在個體的感性經驗上以形成認識一樣。[57] 但是對個體似乎是「先驗的」東西，卻是人類集體從漫長的歷史經驗中抽取提升出來的。它們雖然不能從個體的感知中直接歸納出來，卻能夠從感性現實社會實踐的漫長歷史活動中產生出來，並保存在人們的科學、文化之中，不斷積累發展著，使人的認識能力日益擴大。它們的確成了不僅認識世界而且創造世界思維的主體或主體的思維。因此，也才說，「……作為擁有自由時間的人的勞動時間，必將比役畜的勞動時間具有高得多的質量」；[58]「不是把人當作某種馴服的自然之力來驅使，而是當作主體來看待，這種主體……作為支配一切自然之力的活動出現在生產過程裡面」。[59] 這種主體正

---

57 當然，康德並不認為一般概念是先驗的，而只認為十二範疇才是先驗的「知性純粹概念」。

58 馬克思：《剩餘價值理論》，《馬克思恩格斯全集》第 26 卷Ⅲ，1975 年版，第 282 頁。

59 馬克思：《政治經濟學批判大綱》，中譯本，第 3 分冊，1963 年版，第 250 頁。

是以其創造性的理性認識的活動，並不是以其有限的自然體力的活動來征服世界。人類正是一代一代地把這種理性的財富如同物質的財富那樣傳遞、保存下來，不斷發展，走向以自由時間為創造社會財富的衡量標準的理想社會。這些理性形式，對個體來說，便似乎是「先驗」的結構了。康德或愛因斯坦、皮阿惹提出的問題都只有從歷史唯物主義的基本觀點來作進一步的研究。

康德提出範疇問題，要點在於指明主體藉以進行認識的能動性。他看到人對任何事物的認識離不開範疇，儘管一般並不一定自覺意識到。例如，當認識××是××時，在這個一般判斷中就包含有實體與屬性種種範疇的作用在內。康德看出範疇與一般概念有所不同，它們在認識中很重要。這比某些邏輯實證論者認為這些抽象概念、範疇毫無用處，應予廢除，要高明。馬克思主義哲學也重視範疇在認識中的能動意義和樞紐作用。如列寧所指出「範疇……是幫助我們認識和掌握自然現象之網的網上紐結」；[60]「人對自然界的認識（＝『觀念』）的各環節，就是邏輯的範疇」，[61]「這些範疇反過來又在實踐中……為人們服務。」[62]當然，因果範疇的具體形態將隨著科學的發展而變化，它可以是古典式的線性單一途徑，也可以是現代具有回饋功能的網狀結構體。可以有古典型決定論的因果，也可以有現代機率型和非機械決定

---

60 《哲學筆記》，1974 年版，第 90 頁。

61 同上書，第 212 頁。

62 同上書，第 87 頁。

論的因果。它的具體形式將不可能是一定不變的先驗，只是它作為抽象哲學觀念則具有某種特定的守恆性，這如同物質概念的具體形態可以有變化而作為哲學的實體範疇將有守恆性一樣。

構架 (schema) 更是如此。構架具有依據規律進行形式構造的特徵。它們作為上升到純粹科學理論的必要階梯，或作為付諸現實的中介設計（如模型、藍圖、表格），在認識中是非常重要的一環，在科學理論、發明以及設計中，都有極重要的意義甚至占有中心的地位。像門得列夫那種化學元素週期表本身不僅是構架，而且也是理論，突出地表現了這一點。現代在實驗現象與嚴格理論之間，作為橋樑和中介的各種「物理模型」，也是這樣。理論模型是現代科學方法論的重大問題，[63]它比經驗觀察遠為重要，康德歸之於「創造的想像力」所產生的構架，理應看作與此題目密切關聯，很需要深入探討。它與現代科學認識論的能動性特點（由感知經驗論走向模型結構論）有關。

範疇的構架為何只是時間，康德未加任何清楚的說明。有人認為，這是因為思想（知性）只占時間的緣故。康德也的確認為，時間只是內感覺的形式，這樣，外在對象的存在就依存於內省的時間感知中。這正是有些人把康德等同於巴克萊的重要依據。其實作為所謂「先驗構架」的時間，實質上乃是由於人類實踐將客觀活動過程空間化和內化為人們認識形式的「網上的紐結點」（範疇），這一過程必須通過漫長的實踐歷史才實現。時間所以在康德

---

63 可參看內格爾 (E. Nagel) 的《科學的結構》，1961 年。

（認為動物只有外直觀而無內直觀，所以沒有變化的意識，即無時間）、黑格爾（認為自然界沒有時間中的發展，只有空間的重複）的哲學中，占有比空間遠為重要的地位，實際上都與人（社會）有關。好些哲學家以神祕的形式來強調時間，其祕密就在這裡。時間是一個深刻的科學和哲學問題。時間與數學的關係、時間與數學構架中的重要意義、時間的同質化和純粹的量的同一性的關係、部分與整體的關係等等，都具有重要的科學和哲學內容。

康德以唯心主義形式，把問題顛倒了：本來是人類的社會實踐將其對客觀世界的把握，通過漫長的歷史，內化為範疇，被康德說成是「先驗的」範疇，經過時間構架，應用於感性。黑格爾也是這樣，不是人類在歷史實踐中形成了辯證法的各種範疇，而是人類歷史成了絕對理念在時間和各範疇中的展開了。

由此可見，馬克思主義實踐論要把先驗論顛倒過來，以找出它的現實的物質根基。康德的先驗論認為，範疇是先天理性的產物。實踐論認為，範疇是把握客觀世界的歷史性的產物。先驗論認為，構架是用以連結感性或組織經驗的先驗想像。實踐論認為，它作為感性的抽象，仍然是對客觀世界的創造性的概括。

摘自：第五章

總結上面，康德認為，我們所以能由知覺、想像、概念而認

識一個對象，雜亂無章的感覺印象所以能夠通由知覺、想像、概念的綜合而形成一個統一的對象，完全是由於主體意識中有一種所謂主動的統一性將它們聯結綜合起來的緣故。對象的統一來源於構造它們的主體意識的綜合統一性。這個意識的統一性就是「我在思維」，即「我思」。即是說，在整個綜合活動和過程中，「我思」保持了它的連續性、同一性。必須有這個「我思」為基礎，才可能有上述各種綜合活動的一貫和不變。也就是說，必須有一個常住不變的「我思」來作為所有知覺、想像、概念進行綜合的根基。這就是所謂「統覺」、所謂「本源的綜合統一性」，亦即「自我意識」。

　　康德反覆強調，沒有這個「統覺的綜合統一」（「自我意識」），則一切概念的綜合、想像的綜合、知覺的綜合都不可能。所有直觀雜多只能是些莫名其妙的感知，一堆零雜的色彩、軟硬、輕重等等，不能聯結綜合而成為認識對象。從而，任何經驗對象便不可能存在，任何知識也不可能獲得。康德說：「『我思』必須伴隨我的一切觀念……。一切直觀的雜多，在它們被把握的那同一主體裡，與『我思』有必然的關係。但這種『我思』觀念是主動性的活動，即不能看作屬於感性的。我叫它為純粹的統覺……。」[64]從直觀感知一開始，就必須使這些感性材料聯結、綜合、統一起來。這些感性材料不會自動地這樣作，可見有一個能動的主體始終保持在這個綜合統一的過程中，使感知（聲、色、香、味等等）

---

64 《純粹理性批判》B131～132，參看藍譯本，第100～101頁。

能夠上升到概念，形成一個經驗對象（糖、花、桌子等等）。這樣一種功能的主體和主體的功能就是「我思」，亦即「自我意識」。這個「我思」即認識過程的統一性，是動物所沒有的。「動物有理解，沒有統覺，因之不能把它們的表象變為普遍的」，「動物的理解是沒有意識的」。[65]在康德看來，這種「自我意識」便是人的認識的根本特點，而所謂想像力、知性都不過是主體這種自我意識在不同情況下的表現。在知覺、想像中，這個自我意識還是盲目的，在概念中則是自覺（即意識到）的。

　　「主觀演繹」就是這樣企圖由內感覺——時間意識的經驗事實出發，從心理學角度，論證經驗的自我意識，從而再進一步論證先驗的自我意識。這個部分值得注意的是，它強調了在人的認識的心理過程中，主體具有重要的能動作用。即使是最簡單的知覺，也包含認識的主動性在內，它常常是一種構成物，而決不是純被動的反映。現代心理學的許多材料，也說明這個方面的種種特點，例如人的感知有巨大的選擇性，又如感知經常在概念支配下進行，又如所謂「人只看到他所知道的東西」[66]等等。其中，特別值得提出來的是「自覺注意」問題，康德講的感知中雜多的聯合，「直觀中把握的綜合」，都在某種意義上與這問題有關。所謂「自覺注意」不是由外界對象對主體本能需要的吸引而引起，

---

65 轉引自康浦・斯密：《「純粹理性批判」釋義》的導言。

66 關於狼孩（由狼或其他動物撫育的人類小孩）的報告很能說明這點。狼孩對許多事物沒有感覺，即使刺激很大，也絲毫不引他注意。

這樣產生的「注意」是「自發注意」。我以為,「自覺注意」恰恰是抑制了這種注意和本能要求而產生的最早人類能動性的心理活動。這種注意的對象與動物性的本能欲望、利益、要求無關。[67]它經常不是如食物等的外界對象,而是人的主體實踐活動——如勞動操作自身,亦即在最早的勞動操作實踐活動的漫長過程中,對這種活動、操作自身的自覺意識和強迫注意,視覺在這裡與動覺——觸覺獲得聯結、綜合和統一。也只有這樣,才可能使自己的勞動操作逐漸嚴格符合客觀規律(物理的、幾何的等等)而達到為族類生存服務的目的(如獲取食物),所以這種人所獨有的最早的能動心理特徵正是產生在使用工具、製造工具的勞動創造人類的過程中,是這一過程所獲得的最早心理成果,是人不同於動物的最早的「理知狀態」。正是在這一基礎上,勞動操作中的客觀因果聯繫(如利用工具去取得食物)才有可能在漫長的歷史過程中,最終轉化為主觀的因果觀念。

　　猿類在自然條件或實驗室的條件下都可以產生使用甚至製造「工具」的活動(參看苛訥的著名試驗等),但由於這種活動只是個體偶發性的,並非具有歷史必然性的大量族類活動,不能在心理上留下和產生像「自覺注意」這樣一些能動的心理和能力,不能最終形成因果的觀念聯繫,亦即不能領悟使用工具在主體獲取食物這個因果鏈中的地位、意義和作用,從而也就不去要求保存

---

67 可參看芮波 (Th. Ribot):《注意心理學》(1890 年)。遺憾的是,現代心理學在精密化的科學條件下,反而沒有重視這個問題,也未作出新的成果。

或複製工具，用完了就丟。所以，就人類意識來說，對主體自身使用工具、製造工具活動的「自覺注意」，即持續地聯結、綜合、統一感知以保持對對象的同一性意識，使之成為對一個客觀對象的自覺感知，這才是要害所在。這不是什麼「先驗統覺」，對人類來說，它恰恰是人類勞動的產物，並通過原始巫術禮儀等模仿活動而提煉保存下來（實驗證明，猿類只有對對象的注意，不能形成對自己活動的自覺注意）。對兒童來說，則是在社會環境和教育下所形成的能力。（所以從嬰兒起培養這種與本能需要無關的注意力是重要的教育內容，它與人類另一特有能力——自制力也密切相關。）認識（包括感知）的能動性歷史地來源於實踐（人類勞動）的能動性。

在「自覺注意」之後，想像便是人類心理能動性的第二重要特徵。它既是與個別事物有關聯的感性意識，同時又是具有主動支配性質的綜合統一的感性意識。它的內容極為複雜，這裡不能談了。至於再進一步，到概念、語詞的認識能動性，則是人所熟知，不必多談。至此完成了以能動性為特徵的人類獨有的心理發展道路。

研究人類心理，應不同於研究動物心理，應從這些由社會實踐產生的心理結構和特徵出發，回過頭來研究考察感覺、知覺。由於人的實踐不同於動物的生活活動，人的感覺知覺才不同於動物的感覺知覺。現代心理學在這方面已積累了不少原始素材，但由於哲學觀點的謬誤，不但沒能進一步說明問題，反而走向了相反的方向，把人類心理生物學化，或忽視、或抹殺人類能動性的

心理特點，不能重視區分和處理在語言階段之前的人與動物在心理上的本質差別。包括巴甫洛夫的兩種信號系統學說，也有這個缺點。它們大都脫離開人類社會歷史的根本基礎來解釋人類心理，未注意從人類社會實踐活動（特別是人類起源時期和原始社會這一漫長的數百萬年甚至更長的歷史中）去探求人類心理的最終基礎和具體起源。我願再次指出，人類心理特徵的原始根源在於使用工具、製造工具的勞動活動，並且是通過一系列極為複雜和重要的巫術、禮儀等社會意識形態的活動，在群體中固定、鞏固起來，最終才轉化為心理——邏輯的形式、功能和特點的。離開了人類學，不可能解決心理學的問題。在這裡值得一提的是懷特(L. White) 為代表的文化學基本觀點。懷特正確地反對了把文化歸結為心理的錯誤潮流，[68] 強調工具和符號（語言）在形成超個人、超心理的社會文化中的根本作用，指出技術（例如能量和工具）的基礎地位，但他混淆了物質生產與物態化的精神生產（意識形態、符號的生產），同時也沒有重視製造工具、使用工具的物質生產對形成人類特有的心理結構重要關係。這就使他的文化人類學具有庸俗化和片面性的特徵。總之，康德的「主觀演繹」從心理學角度提出人的認識能動性，仍然是今天並未研究清楚的重要問題。

任何心理學也替不了認識論。單從「主觀演繹」來論證「先驗統覺」（「我思」），說明綜合統一全部認識過程的心理功能，並

---

68 參看懷特：《文化的科學》，1949 年。

不能解決認識的客觀真理性的哲學問題。於是，康德在第 2 版上突出「客觀演繹」。「主觀演繹」基本上是從如何形成一個認識對象的過程來論證必須有純粹統覺的能動「我思」作為全過程的基石。「客觀演繹」則拋開這個過程來論證知性如何能與對象相一致，範疇如何可能具有客觀性，也就是提出人的認識形式與經驗內容、意識統一與感性雜多、自我意識與對象意識的關係問題。基本關閉在心理領域之內的「主觀演繹」，從哲學上簡單說來，亦可說只是「我是我」這樣一種「分析的統一」，它說的是「我所有的表象都是我的表象」。更重要的是「綜合的統一」，即不同於「我」的直觀雜多如何能被連結統一在我的意識中，並獲得真理的性質。這即是「客觀演繹」。

　　德國古典哲學唯心主義將人等同於神（上帝），將自我意識作為認識世界（康德）和改造世界（黑格爾）的原始動力，極大地高揚了人的價值和地位。[69]但同時，卻又是唯心主義地抽象地「高揚」了。首先，這是抽象的人，不是歷史具體地屬於一定社會階級的人；第二，這是思辨（精神）的人（自我意識），不是現實的人。在黑格爾，「自我」與思維是同一之物，一切皆蘊藏於「自我」之中。作為被高揚的主體「自我」只是思維。能動的「自我」，只是思辨的精神。物與我、存在與思維的依存與轉化，統統只是精神——思辨領域內的活動，而不是感性現實的活動。勞動、

---

69 如拉克林斯 (J. Lacroix) 認為，康德三大批判都是圍繞人在宇宙中的地位這個問題展開的（康德的先驗自我也是倫理學的本體。詳本書第九章）。

生產都只是思辨，歷史只是思維的自我即自我意識的異化和復歸。馬克思說：「黑格爾認為，人的本質、人等於自我意識。從而，人的本質的異化不過是自我意識的異化。」[70]「唯心主義卻發展了能動的方面，但只是抽象地發展了，因為唯心主義當然是不知道真正現實的、感性的活動本身的」。[71] 一般地說，它用抽象的人代表歷史具體的人，特殊地說，它用思辨的「人」即人的思辨來統治現實世界。

唯物主義者費爾巴哈企圖恢復人的感性和感性的人。費爾巴哈指出，唯心主義就在於把一般、思維、名稱、語言當成上帝，說成是普遍必然的永恆本質，而將感性等同於個別的、偶然的、暫時的現象。他指出，「康德哲學乃是主體和客體的矛盾，本質和現象的矛盾，思維和存在的矛盾」。[72] 費希特、謝林、黑格爾則將這矛盾統一於思維、自我、絕對。費爾巴哈認為，「只有人才是費希特的自我根據和基礎，才是萊布尼茲的單子根據和基礎，才是『絕對』的根據和基礎」；[73]「因此新哲學的認識原則和主題並不是『自我』，並不是絕對的亦即抽象的精神。簡言之，並不是自為

---

70 《經濟學－哲學手稿》，參看何思敬譯本，1963 年版，第 129 頁。

71 《關於費爾巴哈的提綱》，《馬克思恩格斯選集》第 1 卷，1972 年版，第 16 頁。

72 費爾巴哈：《未來哲學原理》第 22 節，見《費爾巴哈哲學著作選集》上卷，三聯書店，1959 年版，第 151 頁。

73 費爾巴哈：《關於改造哲學的臨時綱要》，見《費爾巴哈哲學著作選集》上卷，三聯書店，1959 年版，第 118 頁。

的理性，而是實在的和完整的人的實體。實在、理性的主體只是人。是人在思想，並不是我在思想，並不是理性在思想。……因此，如果舊哲學說，只有理性的東西才是真實的和實在的東西。那麼新哲學則說，只有人性的東西才是真實的實在的東西。因為只有人性的東西才是有理性的東西」。[74] 費爾巴哈的所謂「新哲學」，是企圖以現實感性的人來代替唯心主義的思辨精神的「自我」、「絕對」，用感性的普遍性來代替理性的普遍性。費爾巴哈說：「新哲學是光明正大的感性哲學」；[75]「思維與存在的統一，只有在將人理解為這個統一的基礎和主體的時候，才有意義，才有真理」。[76] 所以，費爾巴哈的哲學的確是對從康德到黑格爾高揚理性自我的普遍性的批判。費爾巴哈強調的是，超感性的神來自感性的人，理性的東西來自感性的東西，只需要不將「理知與感覺分開，便能在感性事物中尋得超感性的東西，亦即精神與理性」。[77]「不但有限的、現象性的東西是感覺的對象，真實的、神聖的實體也是感覺的對象」，[78] 即是說，感性自身便能認識真理。

　　但是，費爾巴哈這個所謂恢復感性地位的「新哲學」，在根本上並沒有超出洛克和法國唯物主義，所謂理性的東西必先在感性

---

74 《未來哲學原理》第 50 節，見《費爾巴哈哲學著作選集》上卷，三聯書店，1959 年版，第 180～181 頁。

75 同上書，第 36 節，第 169 頁。

76 同上書，第 51 節，第 181 頁。

77 同上書，第 42 節，第 174 頁。

78 同上書，第 39 節，第 171 頁。

中等等，幾乎講的是與洛克（見本書第一章）同樣的話。它與康德以前的唯物主義並無本質的不同。「他把人只看作『感性的對象』，而不是『感性的活動』，……他從來沒有把感性世界理解為構成這一世界的個人的共同的、活生生的、感性的活動。……當費爾巴哈是一個唯物主義者的時候，歷史是在他的視野之外。」[79]費爾巴哈的「人」仍然是非社會、超歷史的自然生物的存在，他的所謂人的感性仍然是被動的感知，是「離開人的社會性」的靜觀（「離開人的社會性」與所謂靜觀、被動的感知是一回事）。這種感性是否有普遍性，或這種感性普遍性具有何種意義，便大成問題。康德的出發點正是揭露舊唯物主義從感覺出發不可能理解認識的能動性，不能保證認識的普遍必然和客觀有效，而建立其先驗唯心主義的。費爾巴哈使哲學從唯心主義回到唯物主義，從自我意識回到感性的人，但由於他的這個感性的「人」仍是這種性質，就仍然不可能解決人的認識所特有的主觀能動性，及由之而來的科學知識的真理性——它的普遍必然的客觀有效性問題。費爾巴哈這種「直觀的唯物主義，即不是把感性理解為實踐活動的唯物主義」，[80]是不能說明人的認識的能動性的。對康德來說，費爾巴哈沒有前進，反而倒退了。

---

79 《德意志意識形態》，《馬克思恩格斯選集》第 1 卷，1972 年版，第 50 頁。

80 《關於費爾巴哈的提綱》，《馬克思恩格斯選集》第 1 卷，1972 年版，第 18 頁。

　　這個問題的解決歷史地屬於馬克思主義實踐論的範圍。

　　馬克思指出，「費爾巴哈不滿意抽象的思辨而訴諸感性的直觀；但是他把感性不是看作實踐的、人類感性的活動」。[81] 其實這兩種感性的不同，正是人與動物的根本不同。動物的生活活動與其對象是同一個東西，受同樣既定的自然律所支配。馬克思說，「動物和它的生活活動直接是一個東西」；[82]「動物不對什麼東西發生關係，而且根本沒有『關係』。對動物說來，它對他物的關係不是作為關係存在的」。[83] 所以，主客體之分對動物是沒有意義的，從而動物是不可能有人所特有的認識能動性的。以使用工具、製造工具的活動為特徵的原始人類的實踐，突破了這個限制。它不再是原來動物性既定的族類生活活動，而是在特定社會結構的制約下，通過對客觀自然界種種事物日益廣泛和深入的掌握，從而具有無限發展可能地去支配自然、改造自然的客觀性的現實活動。這就與動物適應環境的本能性生存活動有了根本的區別。在這裡，主客體之分才有真正意義。社會實踐面對著自然，區別於自然，利用自然本身的形式以作用於自然，使自然服務於自己。同時它自身的存在和發展也有不同於自然的獨特現象　（社會發展）。這樣就構成了與客體自然相對立的主體。像費爾巴哈那樣

81　同上書，第 17 頁。

82　《經濟學—哲學手稿》，1963 年版，第 58 頁。

83　《德意志意識形態》，《馬克思恩格斯選集》第 1 卷，1972 年版，第 35 頁。

「把人的本質理解為『類』，理解為一種內在的、無聲的把許多個人純粹自然地聯繫起來的共同性」，[84] 是不能解釋區別於客體自然界的人的主體。而把作為生物體的人群塑造為區別於自然界的主體，正是以使用工具製造工具的實踐生產活動為中心的社會存在和以使用語言和符號系統為特徵的社會意識。離開這個根本講實踐和語言，實踐就會等同於動物生活活動和動物心理意義上的感知狀態，而語言則成為無所由來的神祕結構和生物性的先驗本能了。

在當代馬克思主義文獻中，「實踐」一詞已經用得極多，它泛濫到幾乎包容了一切人類活動，從日常生活、飲食起居到理論研究、文化活動等等。在馬克思早年手稿以及《關於費爾巴哈的提綱》等著作中，的確強調的是理論與實踐相統一感性的人的活動即 praxis（實踐），praxis（實踐）一詞也確乎包括了人類整個生活活動。但也是從早年起，馬克思同時強調了勞動、物質生產、經濟生活在整個人類社會中的基礎地位和決定性的意義，日益認定物質生產是整個社會生存、社會生活即社會存在的根本，特別是自馬克思歷史具體地探討了社會生產方式諸問題，確定基礎與上層建築的理論，明確提出唯物史觀學說後，馬克思的實踐哲學便進一步加深和具體化了。我以為，馬克思的實踐哲學也就是唯物史觀。因之，應當明確在形態極為繁多的人類實踐活動中，何

---

84 《關於費爾巴哈的提綱》，《馬克思恩格斯選集》第 1 卷，1972 年版，第 18 頁。

者是屬於基礎的即具有根本意義的方面，我以為這就是唯物史觀強調的經濟基礎，而其中又以生產力為根本。生產力——這不就正是人們使用工具製造工具以進行物質生產的實踐活動麼？正是由於這種活動，才有人類的發生和發展（恩格斯：《勞動在從猿到人轉變過程中的作用》）。這是第一性的、根本的方面。人類的這種活動從歷史總體說，是由非意識、非目的的偶發性進到有意識、有目的、從而具有必然性的過程，也是在這個過程中，產生了語言、意識、符號、思維等等。而如何由工具到語言，以及物質工具與符號工具（語言）之間的發生學關係等等，都是很需要進一步探索的要點所在。我之所以在本書再三提及皮阿惹，正是因為他從兒童心理學的微觀角度接觸和闡明了操作對邏輯、思維的基礎意義，對實踐哲學的人類學本體論的宏觀大有啟迪。我之所以幾次的提到維根斯坦，也是因為他晚年明確論證了社會生活和實踐對語言、個體心理意識的決定功能。所有這些，都恰好有助於說明馬克思主義實踐哲學，儘管他們本人並未這樣認為。

　　聯繫康德哲學的「自我統覺」，如果倒轉過來，則可以說，不是意識的「先驗自我」，而是歷史（物質現實）的人類實踐，才是真正的、偉大的主體「自我」。實踐作為現實活動的感性，雖然也呈現為個別的存在，但其本質卻是普遍的。它之所以是普遍的，不但因為它總是某種社會結構的活動，普遍地作用於自然，具有改造世界的普遍能動作用。而且，就整體說（不是部分或暫時），人類實踐生產活動是以掌握客觀自然來改造自然為特徵，它本身就是一種理性的力量。因之，它就具有一定範圍內的客觀有效性

和普遍必然性。從而在總體歷史上，它必然具有能夠實現自己的現實性格。（非理性的衝動、盲動，也是感性現實的力量，但它的實質是動物性或個體的，並不具有這種實現自己的歷史必然性。）

列寧說，「實踐高於（理論的）認識，因為它不但具有普遍性的品格，而且還有直接現實性的品格」。[85] 這個現實性，不只是指一般實踐具有感性的物質力量，而且更是說明：把握客觀實在的實踐活動具有必然實現自己的現實性。它使主體的存在不僅有現實的普遍性（即能夠普遍地作用於現實），並且還有普遍的現實性（即合規律的主體目的能夠實現）。康德所謂對象思維中的「重建」，亦即思維綜合感性材料構成有關對象的能動認識，正必須以上述實踐能動地改造對象現實為基礎和前提。如同在本書第二章中所指出，所謂「綜合」是以實踐活動改造對象為現實前提，康德在論「先驗統覺」時所極力強調的「自我意識」的綜合作用和功能，仍然必需以實踐的「自我」主體感性現實地改造對象為根本基石。康德所謂必須有一個先驗的「常住」的「我思」，作為統一意識、貫串認識的不變基礎和形式，必需以現實的「常住」人類主體實踐，不斷將客觀自然的統一性發現出來為基礎。認識的能動性來源於實踐，認識的客觀性和真理標準，仍然是實踐。康德強調的能動性和客觀性相統一這種自我意識的本質特徵，實際來自人類實踐的能動性和客觀性。

恩格斯在批判掇拾康德牙慧的杜林認為思維把存在變為統一

---

85 《哲學筆記》，1974 年版，第 230 頁。

體、一切思維的本質就在於把意識的要素聯合為一個統一體時指出，存在的統一決不在思維裡，而在於它的物質性。恩格斯認為，首先有物質世界的統一性，才可能有思維中的統一性。這個物質世界的統一性，正是通過人類實踐才反映為、過渡為意識、思維的能動統一性，包括思辨、意識的形式的統一性也是如此。前文講「主觀演繹」時，便講到這種心理、意識的統一性如何來自實踐（勞動活動）的統一性，同樣，具有普遍性的高級邏輯思維形式（如辯證範疇和形式邏輯）和自由直觀，也是具有普遍性形式的實踐本性所內化和積澱。本書第二章到第四章中已就形式邏輯、數學、時空構架和因果觀念等作了一些說明。這樣一些人類所特有的認識形式是人類認識能動性的表徵，它們根本上是來源於人類實踐的。至於具體的思維內容，則人所共知更是歷史具體地決定於一定社會時代的實踐內容。總之，不能把實踐等同於感知經驗（邏輯經驗主義）或是語言活動（維根斯坦），也不能把實踐看作是無客觀物質規定性的主觀活動，即不能把實踐囊括一切、無所不包（西方馬克思主義），而應還它以物質結構的規定性，即歷史具體的客觀現實性。這才是真正的實踐觀點，本書所以不嫌重複再三強調使用和製造工具，原因即在此。現在講馬克思主義實踐論的很多，但對這點都重視不夠（見本書第九章）。

　　費爾巴哈和一切舊唯物主義從感覺出發，實際是從個別或個體出發，它有現實性，但無普遍性。康德、黑格爾從普遍出發，實際是從思維出發，它有普遍性，沒有現實性。只有從實踐出發，才既有普遍性，又有現實性。立足於感覺或一般的感性呢？或者

立足於理性即抽象的思辨呢？還是立足於實踐、立足於具體歷史
的社會活動呢？這就是馬克思主義實踐論與舊唯物主義認識論和
唯心主義認識論的根本分歧之處。舊唯物主義（包括洛克、法國
唯物主義和費爾巴哈）從感覺出發（靜觀的存在），德國古典唯心
主義從意識出發（思辨的活動），馬克思主義則從實踐出發（物質
的活動）。從實踐出發，也就是歷史具體地從社會生產力出發。馬
克思主義奠基人在批判直觀的唯物主義，批判不懂得唯物史觀的
自然科學時一再指出：「費爾巴哈特別談到自然科學的直觀，提到
一些只有物理學家和化學家的眼睛才能識破的祕密，但是如果沒
有工業和商業，哪裡有自然科學？甚至這個『純粹的』自然科學
也只是由於商業和工業，由於人們的感性活動才達到自己的目的
和獲得材料的。這種活動、這種連續不斷的感性勞動和創造、這
種生產，是整個現存感性世界非常深刻的基礎……」。[86]「工業是
自然和自然科學對人現實的歷史的關係。如果工業被看作是人的
本質力量的外在顯現，那麼，我們就好理解自然人的本質或人的
自然本質了」。[87]「自然科學和哲學一樣，直到今天還完全忽視了
人的活動對他思維的影響；它們一個只知道自然界，另一個又只
知道思想。但是，人的思維最本質和最切近的基礎，正是人所引
起的自然界的變化，而不單獨是自然界本身；人的智力是按照人

86　《德意志意識形態》，《馬克思恩格斯選集》第 1 卷，1972 年版，第
　　49 頁。

87　《經濟學─哲學手稿》，1963 年版，第 91 頁。

如何學會改變自然界而發展的。」[88] 馬克思、恩格斯這個重要的思想，是在強調只有從人的能動社會實踐活動中去理解客觀世界和人本身，才能理解人的認識，才能理解人的感性和理性。這個能動的實踐，不是費希特那種無客體的純思維的主體行動，而主要是以自然存在為前提，使用和製造工具，利用自然客觀的人類工藝學的物質生產活動。從原始石斧到現代自動化，開闢著使人類從動物式的生存、活動和「勞動」中徹底解放出來的道路。人將不是以自然賦予他的那有限的體力、器官和心理意識，即自然生物族類的本能和能力（動物也有這些）來征服世界，人類的「自我」具有由工具武裝起來的主體意義。人所以是萬物的尺度正在於他有工具。馬克思說，「工藝學會揭示出人對自然的能動關係，人的生活直接生產過程，以及人的社會生活條件和由此產生的精神觀念的直接生產過程。」[89] 馬克思特別重視工藝學，稱之為「社會人的生產器官的形成史」，比之如達爾文研究「自然工藝史」，即「在動植物的生活中作為生產工具的動植物器官」的形成史。[90]

馬克思說，「環境的改變和人活動的一致，只能被看作並合理地理解為革命的實踐。」[91] 革命實踐作為活生生的偉大的現實物

---

88 《自然辯證法》，《馬克思恩格斯全集》 第 20 卷，1971 年版，第 573～574 頁。

89 《資本論》 第 1 卷，《馬克思恩格斯全集》 第 23 卷，1972 年版，第 410 頁。

90 同上書，第 409 頁。

91 《關於費爾巴哈的提綱》，《馬克思恩格斯選集》第 1 卷，1972 年版，第

質力量，才是陶鑄自然統一萬物的主體「自我」。這個「自我」主體具有真正客觀的力量。這種力量到近代大工業機器生產出現，到現代自動化、計算機、核能等等的出現，更直接以可無限發展的智力、認識、科學來征服世界。科學直接轉化為生產力。物化智力的生產形態，將日益成為人類「自我」的突出特徵。在這種意義上，作為這一「自我」的精神意識方面，才具有真正巨大的意義。康德的「先驗自我意識」，不過是這個真正雄偉的人類實踐的「自我」的一種唯心主義的預告罷了。康德所謂「先驗綜合統覺」在思維中作為形式的無處不在，只不過是實踐的「我」在現實中作為變革世界的物質力量的無處不在的微弱折光罷了。實踐的「我」在現實上的統一萬物，才有可能產生思辨的「我」在意識中統一萬物。

　　所以，不是思維的「我」，而是實踐的「我」，不是任何精神思辨的「我」，而是人民群眾集體的、社會的「我」，才是歷史的創造者，才是客觀世界的改造者，也才是科學認識的基礎。這才是群眾創造歷史的唯物主義，也就是馬克思主義的實踐論。有這樣一首中國現代民歌：「天上沒有玉皇，地下沒有龍王，我就是玉皇，我就是龍王，喝令三山五嶺開道，我來了。」正是這個「喝令三山五嶺開道」的「我」，這個歷史的創造者、社會實踐的主人翁，這個集體的「我」，才是認識論的真正主體自我。只在這個客觀的自我基礎上，人類主觀自我一切能動認識形式才有產生的可

17 頁。

能。康德所要求確立的知性、判斷力、理性，的確是動物所不能具備，只有人類才有的普遍必然性的東西，這些東西卻又只有歷史地從這個實踐中才能產生出來。由動物性和主觀性的五官感知進到具有客觀性和能動性的認識形式，由個人的所謂「知覺判斷」到共同性的 「經驗判斷」，都是以人類的物質實踐作為基礎和前提。在這裡，本體論與認識論才真正是統一的，人類學與心理學、歷史與邏輯才真正是一致的。「自我」的真正唯物主義意義就是如此。在現代科學、技術、工業基礎上，這個改造世界的「自我」人類主體已日益突出。與此同時，作為個體的「自我」的地位、作用、意義和獨特性、創造性、多樣性、豐富性等問題也日益突出和重要了。

康德提出「自我意識」作為認識的主觀能動性的軸心，否定了舊唯物主義的靜觀反映論，曾自比是哥白尼式的革命。哥白尼認為，不動的星球卻在運動，是由於觀察者（在地球上）在運動的緣故；康德認為本身並沒有時空、因果等等的「物自體」，看來有這些經驗現象，是由於人心在動的緣故。康德把認識圍繞對象（自然）而旋轉，改變為以「自我意識」為軸心而旋轉。人的認識不隨外界旋轉，而是外界隨人的先驗意識形式而旋轉。這是以物質自然為本體轉到以人的精神意識為本體，由以自然為中心轉到以人為中心的所謂哥白尼式的革命，亦即把洛克和法國唯物主義的認識論變革為德國古典哲學唯心主義的認識論，以唯心主義的先驗論反對舊唯物主義的反映論。

但如前所述，康德的先驗「自我意識」又必須依存於具體「我

思」中的客觀經驗內容,「自我意識」又必須與「對象意識」相互依存,才可能存在,這個「哥白尼式的革命」就並未徹底實現。只有到黑格爾的「絕對理念」,雖然它也必須通過展開為經驗世界的萬事萬物,完成其理念發展的精神歷程,才達到自我意識——對自身的認識,但黑格爾卻明確地把精神、意識高揚為第一性的決定性的東西。康德的「哥白尼式的革命」,即唯心主義對唯物主義的否定,到黑格爾才算得到真正的完成。

　　物極必反。絕對唯心主義發展到了極點,也就為把這種顛倒了的過程再顛倒過來準備了條件,青年黑格爾派正是從自我意識展開了對黑格爾的批判。青年馬克思在《博士論文》中,也正是從自我意識來處理和重視伊壁鳩魯原子偏斜觀念。自我意識本是當時黑格爾學說解體的中心議題。進一步,馬克思在對青年黑格爾派這種精神性的自我意識的批判中,走向了唯物史觀。「即使他們把哲學、神學、實體和全部廢物都消溶在『自我意識』之中,……『人』的『解放』仍然不會因此而前進一步;真正的解放不可能是別的,只能在現實世界中並通過現實的手段加以實現。沒有蒸汽機、珍妮機——走錠精紡機,工業奴隸制就不能廢除;沒有改良的農業,農奴制就不能廢除;只要人們還不能使自己的吃、喝、住、穿在質上和量上得到充分供應,就根本不能使人獲得解放。『解放』是一種歷史的活動,而不是思想的活動……」。[92]

---

[92]《馬克思「德意志意識形態」手稿片斷》,載荷蘭《國際社會主義思想史評論》第 7 卷,第 1 冊,1962 年。

「自我意識」成了由黑格爾到馬克思，由唯心主義到唯物主義，由思維的主體自我到歷史的、物質現實的主體自我的一個關鍵環節。通過費爾巴哈的媒介，馬克思對黑格爾的批判改造終於完成了。由洛克和法國唯物主義的靜觀地觀察自然（感覺），以自然為中心，到能動地改造世界（實踐），以歷史的階級人為中心，這是唯物主義史發展中的一個巨大的飛躍。在舊唯物主義那裡，人只作為自然的一部分，屈從於自然。[93] 馬克思主義實踐論強調了人的能動作用，人成了包括自然界在內的整個世界的主人，這才真正實現了「哥白尼式」的哲學革命。這個革命又正是在批判了康德、黑格爾的古典唯心主義的「哥白尼式的革命」才可能取得的。法國唯物主義把人從屬於自然，德國古典唯心主義把自然從屬於人的精神，馬克思主義的唯物主義則把自然從屬於人對世界的能動的物質改造。這也就是由自然本體論（法國唯物論）到意識本體論（德國古典唯心論）到人類學本體論（馬克思主義）。人類的大我和個體的小我特別是它們之間的關係，在這過程中不斷發展和變化，個體自我的存在意義、性質、權利、地位和豐富性將日益突出，「自我意識」也將具有更新的覺醒意識。

　　因為只有在這種能動改造自然的基礎上，作為個體的自我才

---

93 霍爾巴赫 (P. Holbach) 便強調說過，人不要自以為了不起，是宇宙之王，「人絕沒有理由自以為是自然中的一個有特權的生物；他同自然的一切其他產物一樣，服從於同一的變易」，等等（《自然的體系》上卷，第六章，商務印書館，1964 年版，第 82 頁）。

有可能獲有和發展出他的獨特存在價值、特徵和性格。動物雖然
也有生理稟賦以至氣質、才能的差異，但談不上什麼真正的個性。
個性的豐富性、多樣性是隨著人類總體亦即社會存在和社會意識
的發展而發展和擴充的。正如皮阿惹論證兒童的個性是隨其社會
性、他的個性主觀性是隨著他的認識的客觀社會性的發展而發展
的一樣。而個性的被壓抑、被漠視以及個體的小我被淹沒在總體
的大我中，則又是共產主義到來前的人類史前期所難以避免甚至
必然要經歷的大量現象。正如失去個性只有普遍性形式的符號系
統和物化智力成為大我見證一樣，小我的見證最初只能表現在具
有各種個性獨特性、多樣性和豐富性的審美──藝術結構中，它
在社會各領域的真正充分展開，則有待於人類史前期的結束。

　　總起來看，前面幾章依次討論了時空直觀和知性範疇，本章
論述了康德把這一切歸結為「自我意識」，經由黑格爾，馬克思從
「自我意識」走向唯物史觀。在這裡，奠定了人類主體性的文化
心理結構的客觀基礎──作為歷史總體的人類社會實踐，這也就
是人類主體性的客觀方面即工藝──社會結構的方面。人類主體
性的「自我」由這兩個方面（工藝──社會結構和文化──心理
結構）組成，而工藝、社會物質生產這一方面是基礎。

摘自：第六章

　　康德提出包括宇宙論的二律背反在內的理性理念，要害在於「總體」問題。這個問題構成了自康德到黑格爾的辯證法的一個重要特徵。在康德，作為客體方面的總體，有四個「二律背反」；作為主體方面的總體，是靈魂，作為主客體的總體則是上帝。靈魂與上帝不過是二律背反這個「總體」的一種神祕表現方式。繼康德之後，黑格爾也緊緊抓住了這個「總體」觀念，把它與辯證法密切聯繫起來，這樣就取得了一種前所未有的巨大意義。黑格爾認為，「總體」只是在辯證法的全過程中才真正存在和能被認識。總體是過程，是辯證發展的全程。如果改用現代語言，我們也可以說它（總體）是一個系統 (system)。由康德開頭而黑格爾總其成的近代辯證法不同於古代的辯證觀念（矛盾、陰陽等等），也在這裡。它所反映和處理的是整體過程，是歷史行程，而不只是點明事物或思想中存在對立雙方（矛盾）而已。這也才是不同於古代矛盾觀念的黑格爾那種一整套的辯證邏輯。在這套邏輯裡，對立統一（矛盾）是辯證法的核心，但非它的全體。它的全體乃是對立統一這個核心通過各個範疇和環節的相互聯繫、過渡而全面展開或完成，以構成一個系統──總體。所謂否定之否定，便是對這一行程的總體的概括。它構成黑格爾辯證法的獨特表徵。

否定之否定決不是一種外在的正反合的呆板格式，像好些人所誤解的那樣。它的實質是對立統一通過不斷否定而發展，在一個總體行程即系統結構的全面展開中，去獲得或達到真理性的認識或成果。它是對立統一所展現出來的歷史形態。

　　馬克思主義十分重視黑格爾否定之否定的思想。因為所謂矛盾的鬥爭及其解決（對立統一），便是否定，否定其實也就是康德重視的「綜合」。否定不是簡單的扔棄，而是揚棄，有所吸取，有所批判，亦即吃掉對象消化對象，這樣才能前進。這是辯證法的發展。[94] 馬克思把黑格爾的辯證法看作「否定的辯證法」。恩格斯對辯證法作規定時，強調指出，「……由矛盾引起的發展，或否定的否定——發展的螺旋形式」。[95] 列寧說，「從肯定到否定——從否定到與肯定的東西的『統一』——否則，辯證法就要成為空洞的否定，成為遊戲或懷疑論」。[96] 可見否定之否定的要點不在於外表形式的正反合，特別不在於把這種形式半神祕化或僵固化，而在於真理必須了解為在一個系統的有機結構中，通過多種矛盾運動的全部行程的總體才能獲得。「現在，真理是包含在認識過程中，包含在科學的長期歷史發展中」。[97] 總體、系統大於局部、事

---

94 皮阿惹把否定看作「辯證理性」，說「在邏輯和數學中，通過否定而構造實際已變成一種標準的方法」，他強調了操作的可逆性，看出通過否定去生產的重要意義。見皮阿惹：《結構主義》第 7 章。

95 《自然辯證法》，《馬克思恩格斯選集》第 3 卷，1972 年版，第 521 頁。

96 《哲學筆記》，1974 年版，第 245 頁。

97 《費爾巴哈與德國古典哲學的終結》，《馬克思恩格斯選集》 第 4 卷，

實之和，總體注重從歷史（縱）和全面（橫）來了解和認識，例如從過去、未來來把握現在，這就超出了可觀察到的事實經驗。這就是辯證法的方法區別於種種僅僅抓著或著眼於局部事實、微末細節的所謂精密科學方法或實證主義經驗論方法的地方。辯證法是總體把握的理性方法，實證主義是片面把握的知性方法，它只抽取了某種屬性、方面、因素。同時也正因為辯證法著眼於總體，所以它就不會是預成論。在這裡，因果不是線性的機械決定論，系統的複雜結構形成了多元和網狀的因果，可能性的選擇數字極大。而任一選擇對整體系統和結構均將產生影響。所以不能把總體過程當成是機械決定論的必然，必須極大地注意偶然性、多樣的可能性和選擇性。

　　總之，如果辯證法缺乏這個「總體」觀念，便得不到真理的客觀性的規定，而成為主觀地玩弄矛盾，即抓住任何一種矛盾（這是到處都有的）而大講一分為二或合二而一，這就成為「空洞的否定」。即不是歷史地全面地從總體出發，而是任意抓住一個問題或一個階段，來講對立統一，辯證法便常常成為變戲法。主觀地運用對立面的統一，運用這種概念的靈活性，等於折中主義和詭辯論。[98]列寧一再強調：「真理是過程」，[99]「現實的各個環節的全部總和的展開（注意）＝辯證認識的本質」。[100]也只有這樣，對

1972 年版，第 212 頁。

98 《哲學筆記》，第 112 頁。

99 同上書，第 215 頁。

立統一（矛盾）才獲得一種歷史的（經過時間的）展開和解決，辯證法才取得一種歷史的性格。黑格爾辯證法的特色，它的偉大的歷史感正在這裡。否定之否定是邏輯與歷史的高度統一。人創造工具和各種物質的和社會的機器以征服世界，又淪為上述機器的配件和附屬品，再從這種種異化中解脫出來而成為世界的真正主人，這個人類自由的史前史的歷史行程，是黑格爾唯心主義化了的否定辯證法的真實基礎。

摘自：第七章

實踐是人們談論很多、各國哲學中的時髦詞彙，但什麼是實踐？它有沒有規定性？它與五官感知、與動物性的生活活動有什麼區別？等等，都需要弄清楚。如前幾章所連續說明，實踐作為認識的基礎和真理的標尺，是歷史具體的。無論是感性或理性，無論是時、空觀念或數學，無論是形式邏輯或辯證法，作為它們的基礎的實踐是具有歷史具體的客觀社會性的實踐。「認識如何可能」只能建築在「人類（社會實踐）如何可能」的基礎上來解答。只有歷史具體地剖析人類實踐的本質特徵，才能解答人類認識的本質特徵。認識的主體不是個人，從而出發點不是靜觀的感覺、

100 同上書，第 166 頁。

知覺。認識的主體是社會集體,出發點只能是歷史具體的能動的社會實踐活動。正是從這裡生長出人所特有的本質。

「人是製造工具的動物」與「人是能思維(或理性)的動物」這兩個著名古典定義的祕密,在於二者在社會實踐基礎上的統一。人所獨有的感性(時、空觀念)和理性能力(形式邏輯、數學、辯證範疇),其根源完全不是什麼「先驗的」或「不可知」的東西,而是通由實踐,在漫長歷史時期中,客體(外部世界)產生、構成、反映、積澱為主體的認識結構。主體是以客體自身的形式(同構)去認識、反映和把握客體。康德的兩個不可知的 X 應該撤消,兩個 X 互不相關雙峰並峙的局面可以統一,它們統一於實踐。實踐揭示第一個 X(作為「先驗對象」的「物自體」)的本質,並以之構成第二個 X(所謂「先驗自我」的「物自體」)。正是實踐,使一切「物自體」(「自在之物」)成為「為我之物」,使一切所謂「不可知」成為可知。因之,所謂實踐就決不是空洞、抽象、主觀、個體的活動。

馬克思說,「人應該在實踐中證明自己思維的真理性」。[101] 恩格斯說,「在康德所處的時代,我們對自然界事物的知識確實是十分零碎的,所以他很可以猜想在我們關於每一件事物的少許知識背後存在著一種神祕的自在之物。但是這些不可理解的事物,已經被科學的巨大進步逐一地理解、分析,甚至重新製造出來了;

---

[101] 《關於費爾巴哈的提綱》,《馬克思恩格斯選集》第 1 卷,1972 年版,第 16 頁。

而我們能夠製造的東西，我們當然不能認為是不可認識的」；[102] 又說，對不可知論的，「最令人信服的駁斥是實踐，即實驗和工業。既然，我們自己能夠製造出某一自然的過程，使它按照它的條件產生出來，並使它為我們的目的服務，從而證明我們對這一過程的理解是正確的，那麼康德的不可捉摸的 『自在之物』 就完結了」。[103] 這對於我們理解從洛克到法國唯物主義到康德為何有物的「實體」、「物自體」、「不可知」的思想，是有啟發的。它說明了，從認識論的原因說，這種思想是一定時代的工業和科學發展水平（亦即是人類社會實踐的一定歷史水平）的反映。洛克曾說：「人在自己理知這個狹小世界中的統治，與他在可見事物的廣大世界中的統治幾乎是一樣的。在事物世界中，他無論藉什麼奇能妙法，都不能超出把手頭現成的材料加以綜合或分離的範圍，他絕不能做出半點新的物質，也不能毀掉現存事物的一個原子。」[104] 當然，人只能改變物質的形態，而永遠不能生滅哲學意義上的物質，永遠不能從虛無中創造出新的物質來。但重要的是，洛克的思想，客觀上反映了他那個時代的社會實踐（工業和科學）的水平和局限。當時的確還不能「創造」多少新的物質，的確還只能在手頭現有的材料的範圍內分離或組合，也的確不能「消滅」一個現實

---

102 〈「社會主義從空想到科學的發展」英文版導言〉，《馬克思恩格斯選集》第 3 卷，1972 年版，第 387～388 頁。

103 《費爾巴哈與德國古典哲學的終結》，《馬克思恩格斯選集》 第 4 卷，1972 年版，第 22 頁。

104 《人類理解論》第 2 章。

的原子。

　　人們對自然界事物的了解的確十分零碎而表面，當時的工業和科學還處在初步的階段。因此當時的唯物主義重視的只能是觀察，立足點只能是感覺、知覺。而這正是在哲學上產生所謂不可知的「實體」（洛克）、「物的本性」（霍爾巴赫）和「物自體」（康德）的重要原因。現代雄偉的工業和科學的步伐已遠遠不是「用手頭現成的材料來分離或組合」，不但已經能夠擊毀原子核，並且能通過改變物質的形態，「創造」出千百種新的物品和物質來，如各種有機化合物。而像使用加速器之類的科學實驗，更大大超出了一般以感覺、知覺為基礎的個體日常活動和古典式的觀察、歸納等認識方法。現代工業和科學日益展示出社會實踐的本性，通過用客觀世界本身的力量對客觀世界（如原子、中子）的主動的「干擾」，來指引觀察，不斷深入對客觀世界的認識，從而日益展示出「物自體」變成「為我之物」的這個認識論的真理。

　　恩格斯上述論斷，正是具體地說明了馬克思在《關於費爾巴哈的提綱》中講的人應該在實踐中證實自己思維的客觀真理性，「即自己思維的現實性和力量，亦即自己思維的此岸性」。[105]這個實踐正是社會實踐，即工業和科學。而「此岸性」也正是相對於康德的不可知的「彼岸」而言。所以，不能庸俗地解釋恩格斯對康德的批判，認為恩格斯對不可知論的這種批判沒有哲學意義和

---

105 《關於費爾巴哈的提綱》，《馬克思恩格斯選集》第 1 卷，1972 年版，第 16 頁。

價值，從而否定、取消這種批判，如現在國外好些馬克思主義者那樣。恩格斯這一批判的要點，正在於指出是社會實踐，而不是個體感知經驗，才能摧毀「物自體」不可知的觀點，才能合理解決把康德哲學引向信仰主義去的神祕東西（不可知的「物自體」）。在本書第四章，已說明恩格斯強調只有人的實踐活動才能證實因果必然的客觀性。這裡恩格斯又強調，只有人的實踐活動才能從根本上批判所謂不可認識的「物自體」。這兩點是緊密相連的，實際上是一回事。實踐首先是指社會物質生產等基本活動，實踐不等於感知經驗，不等於觀察、語言，它具有歷史總體的客觀特點。不是一般的感知、觀察、語言，而是實踐（包括科學實驗），才是認識的出發點，觀察、感知倒毋寧是結果和檢證。

　　所以，我們重視人類學本體論問題。因為它可以與以經驗、語言或邏輯為本體的唯心主義對立起來，而強調人類作為本體對世界的實際征服和改造。人類學本體論即是主體性哲學。如前所述，它分成兩個方面，第一個方面即以社會生產方式的發展為標記，以科技工藝的前進為特徵的人類主體的外在客觀進程，亦即物質文明的發展史程。另一個方面即以構建和發展各種心理功能（如智力、意志、審美三大結構）以及其物態化形式（如藝術、哲學）為成果的人類主體的內在主觀進展。這是精神文明。兩者是以前一方面為基礎而相互連繫、制約、滲透而又相對獨立自主地發展變化的。人類本體（主體性）這種雙向進展，標誌著「自然向人生成」即自然的人化的兩大方面（參看第十章），亦即外在自然界和內在自然（人體本身的身心）的改造變化。康德哲學的

貢獻在於它突出了第二方面的問題，全面提出了主體心理結構——包括認識、倫理和審美的先驗性（普遍必然性）問題。本書的目的就是要揭示康德所提出的這個問題的現代意義，人作為認識主體和實踐主體的關係究竟是怎樣的？康德意識到並用唯心主義方式提出了這個問題，但他沒有（他也知道沒有）解決這問題。他一再表示解決它的困難。無論是柏拉圖式的解決（兩個世界）或亞里士多德式的解決（一個世界的兩種不同角度即兩種語言），都不是出路。有人說，康德的「物自體概念力求獲得一種變動不居的、隨問題而向前發展的意義」，有點像能變出種種形態來的希臘神話中的海神。這種變動——由感性來源到認識界限到理性理念，再邁入道德實體——客觀上是走向費希特、黑格爾的方向。一些人指出，康德在《遺著》中，作為「先驗對象」的「物自體」已不重要，突出的倒是由作為能思維、行動的自我建立起一切。「物自體」成為思維設定自己將自身客體化以建立的對象。這當然正是費希特的「自我建立非我」的思想。但是，康德晚年又公開地激烈地反對費希特這種思想和傾向，並強調自己的理論毫未改變。許多人對康德這種矛盾態度感到為難，認為很難斷定康德對「物自體」的主張到底是否有所改變。在我看來，康德並未改變他的二元論思想，也就是說，並未放棄「物自體」作為獨立於意識的外界實在並作用於感性的思想。但由於不能正確解決實踐與認識的關係，儘管康德自己並未意識到，思維發展的內在邏輯卻把他實際上引向費希特和黑格爾。

　　可見，康德的「物自體」最終是與社會倫理的根本問題連繫

在一起，維根斯坦說：「我們覺得即使一切可能的科學問題都能解答，我們的生命問題仍然沒有觸及到。當然不再有其他問題留下來，而這恰好就是解答。」維根斯坦認為，哲學的任務，就在於給思想劃定界限，指明什麼是不可言說的。他認為，傳統哲學誤用語言，把哲學也作為科學命題一樣來談論，成了無意義的「胡說」。但是維根斯坦並不反對形而上學，而是把它「放逐」到藝術、宗教、詩歌等領域中去，認為它們所展示的是十分重要的「生命」之謎，但這是不可言說的，不是科學認識的對象。維根斯坦的這些觀點從根本上講，與休謨、康德無本質差別，差別的乃是維根斯坦的整個哲學，直接由這裡歸宿為唯我論和神祕主義。他最終強調的是「無為」：「讓任何事物如它本來那樣」。「對不能言說的東西，就應當保持沉默。」這個現代西方哲學大師倒是深刻地表達了對社會規律和人類前途的典型態度，要求避開和「不去談論」它們。儘管他在後期強調了語言與社會生活的緊密關係，強調了語言的社會性的實踐本性，但也只是停步在語言之中了。

摘自：第八章

在認識論中，康德以「形式（先驗）的唯心主義」區別於「實質的唯心主義」。在倫理學中，康德也以「形式的唯理論」區別於「實質的唯理論」。高揚理性旗幟以反對經驗論是相同的。但是，

在認識論，康德畢竟還要求從感性出發，由感性到知性概念（範疇）再到理性；在倫理學，卻要求先從理性（道德律令＝自由）出發，到概念（善惡）再到感性即道德感情。[106]道德律令表現在客體概念是善惡，道德律令對主觀心理的影響則是道德感情。正如善惡不能在道德律令之先，而是道德律令必需在善惡之先一樣，康德強調，道德感情不能在道德律令之先，而道德律令必需在道德感情之先，是道德律令自身作為意志動機在心靈上才產生道德感情。與前面要求區分善惡與禍福一樣，康德在這裡也強調區分道德感情與包含同情、良心之類的其他感情。這些感情作為道德感情，是似是而非的。

　　康德認為，人們的一切愛好憎惡和一切感性衝動都建立在感情之上，歸總說來，無非是利己之心。這種利己心又可分為「自愛」、「自負」等等。康德指出，這種種都不可能是道德感情。所以，「主體預先並沒有傾向於道德的任何感情」。[107]道德律令恰恰是要把這種種「自愛」、「自負」等等感情壓抑平伏下去。只有壓抑了這種種感情，才會產生出另一種由理性原因所產生的積極的感情，「這種感情就可以稱為對於道德律令的一種敬重感情……，也可以稱為道德感情」。[108]這種感情建築在理性判斷之上，它是認

106　《實踐理性批判》在〈論純粹實踐理性對象的概念〉章還有一張關於善惡概念的自由範疇表，此表及其解釋純係為其寫作結構的「建築術」需要而設，既晦澀難通，又無甚意義，省去不論。

107　《實踐理性批判》，參看關譯本，第 77 頁。

108　同上書，第 76～77 頁。

識到客觀道德律令比一切主觀感性衝動要遠為優越而產生的敬重之心。所以，它不是天生的感官、良心，也不是自然的情欲衝動，而是道德律令對人們心理上的一種影響和結果。

從而，「敬重」這個道德感情的特點便根本不是快樂，相反，它還帶著少量的痛苦，包含著強制性的不快。因為它必須把人們的各種自私、自負壓抑下去，在道德律令之前自慚形穢。另一方面又因為看到那個神聖的道德律令聳然高出於自己和自己的自然天性之上，產生一種驚嘆讚羨的感情，同時由於能夠強制自己、抑制利己、自私、自愛、自負而屈從道德律令，就會感到「自己也同樣高出塵表」而有一種自豪。一方面壓抑各種自私利己感情產生出不快、痛苦，同時又因之而感到自豪高尚，這樣兩種消極、積極相反相成的心理因素，康德認為，便構成了道德感情的特徵。它不是自然好惡，而是有意識的理性感情。與經驗論把理知看作感情的奴隸相反，在康德，是理性而不是任何情欲支配人的道德行為，是理性而不是人性（自然性）成為道德的淵藪和根源。因此，人的道德感情，也正可說是理性戰勝人性（自然性）、道德戰勝情欲在感情上的產物（在法國唯物主義那裡，人性實質上就是自然性）。

神沒有也不需要這種道德感情，只有作為有限的理性存在者的人的心中，才可能有這種道德感情，因為只有人才有必要強制自己以屈從道德律令。同時，敬重這種感情也只施於人，而不施於物；只對於人的人格，而不對於人的別的什麼。物可以以其宏偉、繁多、遼闊，人也可以以其才能、知識、勇敢、福祿、地位

而引起驚羨、恐懼或愛慕，但只有人的道德品格，才能引起「敬重」這種道德感情。

康德說：「一個人也能夠成為我所鍾愛、恐懼、驚羨甚至驚異的對象。但是，他並不因此就成了我所敬重的對象。他的詼諧有趣，他的勇敢絕倫，他的膂力過人，他的位重權高，都能拿這一類情操灌注在我心中，不過我的內心對他總不起敬重之感。芳泰奈爾說，『在貴人面前，我的身子雖然鞠躬，而我的內心卻不鞠躬。』我可以還補充一句說：如果我親眼見到一個寒微平民品節端正，自愧不如，那麼，我的內心也要向他致敬，不論我願意與否，也不論我怎樣趾高氣揚，使他不敢忽視我的高位。這是因為什麼呢？正是因為他的榜樣在我面前呈露出一條可以挫沮我的自負的律令（如果我把自己的行為與這個律令作一比較）……。」[109]

康德指出，即使在外表上可以不表露出這種敬重，「但是在內心仍然無法不感覺到它」。[110]因為這種敬畏尊重的道德感情正是來自道德律令、絕對命令和義務的無比崇高。康德進而讚嘆人的道德「義務」道：「……你絲毫不取媚人，絲毫不奉承人，而只是要求人的服從，可是你並不拿使人望而生厭、望而生畏的東西來威脅人。……你只提出一條律令，那條律令就自然進入人心……。一切好惡不論如何暗中抵制，也都得默然無語！呵！你的尊貴來源是在哪裡呢？……這個根源只能是使人類超越自己（作為感性

---

109 《實踐理性批判》，關譯本，第 78 頁。

110 同上書，第 79 頁。

世界的一部分）的那種東西，……這種東西不是別的，就是人格，也就是擺脫了全部自然機械作用的自由和獨立……。」[111]

　　這些句子是康德乾枯抽象的批判哲學中罕見的富有情感和感染力的文筆，[112]它表達了對世俗權貴的輕蔑和對自由獨立的嚮往，毫不含糊地堅持道德不是根源於感性的人（總是以個體存在為現實基礎）的幸福、快樂和利益，它是超越於這種經驗感性之上的先驗的絕對命令，人不得不服從於它而行動。這實際是在唯心主義形態裡展示了道德本是作為總體的人類社會的存在對個體的要求、規範和命令。當它與感性個體的幸福、利益處在對立和衝突的情況下，便更顯示它的力量。這一思想是極為深刻的。它揭開了倫理道德的本質特徵所在。從文化人類學和民俗學看，禁忌(taboo) 可說是原始形態的道德律令。著名古人類學家李克(Richard Leakey) 認為，從類猿生物進到人類，關鍵在於分享食物與工作。[113]這其實也就是中國荀子講的「禮」是人禽區分的界線，而「禮」正是為了止爭和分享。[114]「禮」不正是早期的倫理道德、

---

111 同上書，第 88～89 頁。

112 康浦·斯密對兩個《批判》作了如下的對比：「在《純粹理性批判》一書中，康德小心翼翼、細密周詳地檢查其論證的每個環節的有效性，不斷反覆考慮……。在《實踐理性批判》一書中則不然，其論證有一種嚴肅的簡單性，絕不左顧右盼，而是一往直前，由幾條簡單的原理推到最後的結論……」（《純粹理性批判釋義》導論丙八，第 ix 頁）。

113 李克、列文 (Roger Lewin) 合著：《根源》，1977 年，倫敦版。

114 荀子：「禮起於何也？曰：人生而有欲，欲而不得，則不能無求，求而無

所謂「克己復禮」嗎？而從兒童心理學看，服從社會指令（普遍性、理性），克制自然需求（個體性、感性），不為物欲（如食物）所動，也正是建立道德意志、培育道德感情的開端。二者從經驗事實上論證了為康德所提出的所謂先驗的道德本性問題是有關心理結構的塑造的。

摘自：第九章

　　維根斯坦區分了日常生活的經驗的道德層次（相對價值），和「超自然的」先驗的絕對價值，只有後者才是倫理學的對象，而它是難以理解、不可言說、不受任何社會歷史制約的神祕。因為世界、生活的存在本身就是神祕的。這暴露出來了一個問題，這就是倫理道德具有歷史繼承性從而似乎具有某種人類普遍性，所以顯出一種超經驗的神祕性質。倫理相對主義沒有看到相對之中有絕對，人類儘管地域不同、民族不同、文化不同，都畢竟循著共同的客觀律則日益走到一起，彼此接近。

　　世界在日益縮小，文化在日益滲透融合，道德倫理也如是。現實生活方式共同遵循著物質文明的進展的客觀規律而彼此接近

度量分界，則不能不爭。爭則亂，亂則窮。先王惡其亂也，故制禮義以分之，以養人之欲，給人之求」（〈禮論〉）。

逐漸融合，它積累保存了整個人類文明財富的遺產。難道在倫理道德領域內，就沒有積累保存下來的人類共同的規範、準則嗎？的確，倫理規範、道德標準具有具體的時代、階級、民族性，它隨社會的變化而變化，沒有什麼抽象的普遍道德。但這主要是指內容而言，因之，具體內容雖然大有不同，卻又可以具有某種共同或近似的普遍性的形式。這形式不僅是語言的外在相似而已。

康德的「不說謊」、「勿自殺」、「禁怠惰」和「助別人」，歷史具體的社會時代內容將很不相同，但作為形式的道德普遍性卻仍然為各個社會接受傳遞下來。那麼這個所謂普遍性形式又究竟是什麼呢？我以為，這涉及了心理結構。儘管康德本人和康德的研究者們一直擯斥與心理的任何聯繫，強調道德形式的非心理的先驗的形而上性質（參看本書第八章）。但他們所指的心理是動機、快樂、願欲、情感等內容，而本書所注意的卻是，道德規範作為意志結構和理性凝聚的心理形式以及它們作為這種心理形式的繼承性質。也許，這就是為維根斯坦所神祕化了的，具有所謂永恆性和「絕對價值」的個體經驗。也許，這就是康德講的絕對命令作為形式普遍性的一個重要方面，亦即主體性主觀方面的意志建構和理性凝聚。

摘自：第十章

（一）人是自然的「最後目的」

儘管康德對這些科學問題本身是有興頭的，但他寫《判斷力批判》，卻並不是為了提出這些具有某種獨立意義的科學問題，而是為了溝通認識與倫理即他的前兩大《批判》，以聯繫自然與人。審美判斷力以自然形式的合目的性與人的主觀審美愉快相聯繫，目的論則以自然具有客觀目的與道德的人相聯繫。

康德一方面反對只用目的論而不用機械論去探究、解釋自然事物，那樣「勢必迷失在超驗解釋的迷霧中，這是自然知識所不能跟隨的，理性被引入詩意的狂熱，這正是它要避免的」；[115]「另一方面，……在自然形式可能性的理性探討中，目的性展示自己無疑屬於另一種不同的因果，在這種情況下，仍完全排斥目的原則，墨守單純的機械論，這樣就使理性流入空想，漫遊在不可思議的自然功能奇想之中，正如單憑目的形態去解釋而不顧機械原則，使理性陷於幻覺一樣。」[116]總之，當問一個事物為什麼存在

---

[115] 《判斷力批判》第 78 節，參看韋卓民譯本，下卷，商務印書館，1964 年版（簡稱韋譯本），第 69 頁。

[116] 同上書，第 70 頁。

時，就有目的論問題。但要從自然本身找到這種目的的解釋，又是不可能的。對自然有機體如此，對整個自然就更如此了。有機體所以作為目的論的範例，在於它們的有機組織暗示一種事先的設計和規劃，自然作為整體並非有機體，但整個目的論本就是種類比，從而整個自然秩序井然的組織和進化，便也可說暗示（而不是證明）一種超感性的理知存在者。在認識論，在《純粹理性批判》中，經常可以看到康德提及一種非人所有的「理知直觀」。這種超經驗的假設是屬於所謂「本體」彼岸的東西。在《判斷力批判》中，康德又認為，在這種非人所有的理知直觀那裡，機械論與目的論可能是同一的。也就是說，自然存在及其有機規律是屬於不可知的超感性世界中的，在那裡，目的論與機械論便合而為一了。康德還提出所謂作為世界原因、整個自然的「最後原因」、「最後根源」、「原始理知」、「非必然的存在」等等觀念，意味著整個自然從目的論看，可以假定有一個設計師，從而，目的論不只是一種探究自然的範導性原則，而且還是指向某種所謂「超感性的基體」了。康德說：「我們不能洞察構成自然眾多特殊規律的最終內在根據。……我們絕對不能擴展我們認識於解釋自然可能性的內在的和完全充分的原理，這種原理是在超感性中。」[117]

「我們不了解目的性……，除非我們把它們和世界看作是一個靈知原因即上帝的產物」。[118]儘管這一切都還是在反思判斷力的主觀

---

117 同上書，第 71 節，第 40 頁。

118 同上書，第 75 節，第 55 頁。

範圍之內，並非客觀的規定，「它證明有這樣一種靈知存在者嗎？肯定不！……一個靈知的原始存在不能客觀地被證明，而能作為一種命題，在對自然目的的反思中，主觀地為我們判斷力所運用……。」[119]這正是康德哲學中說得非常模糊，而又的確是走向信仰主義去的「神祕東西」，它正是由認識到倫理的過渡。

康德強調自然的客觀目的的真正重點還不在有機體，有機體只是康德用來加強他的論點的自然現象，更重要的是整個自然為何存在這個大目的，由無機物到生命現象（有機體）到人，自然向人生成，好像具有某種目的，亦即最終目的，這才是關鍵所在。

康德認為，形形色色的自然生命不管如何符合目的，安排得如何巧妙合理，但沒有人類，就毫無意義，也毫無目的可言。「沒有人類，這整個創造就只是浪費、徒勞、沒有最後目的。」[120]人才是自然不斷創造的最終目的。這個人不是指認識的人，康德指出，世界並非作為人的沉思對象而有意義。這個人也不是指自然的人即人的幸福，康德認為，儘管個人總是要把幸福作為自己的主觀目的，但幸福並不是創造世界的最終目的。天地不仁，以萬物為芻狗，自然對人的幸福並不給予什麼不同於動物的特殊偏愛或恩寵，各種天災地禍便是明證。

康德的自然向人生成（人作為整個自然的最終目的），指的是所謂「文化──道德的人」。

---

119 同上書，第 53～54 頁。

120 同上書，第 86 節，第 109 頁。

　　所謂自然的最終目的是文化的人，康德的意思又有好幾層。文化的人首先是指能擺脫自然的欲望束縛，獨立於它，而又能按照自己的自由意志去利用自然，以實現自己的目的，即有運用自然的技巧，從而是有文化的。「一個理性存在者產生能自行選擇目的的能力（從而是在自由中），就是文化。因之，關於人類種族，我們有理由歸於自然的最終目的的，只能是文化（而不是幸福……）。」[121]但是，也並不是凡文化都具有自然最終目的的條件，文化所以能是最終目的，乃在於它與道德有關，在於它間接促進道德。在上一章講康德歷史觀時已講到，康德認為自然通過個人之間、國家之間的爭鬥、戰爭，發展了人類和社會，以實現自己隱蔽的目的，也使它的文化、才能發展到了最高度。例如，科學藝術（文化）即使不能使人在道德上進步（盧梭的觀點），但它使社會更富有教養，使人更為文明，「這樣就對克服感性偏執的專橫大有貢獻。因之也就準備了人作為主宰存在。在那裡只有理性統治；災惡或由自然、或由人的自私襲來時，就喚起、加強和堅定了心靈的力量，不去屈服於它們，而是使我們感到有一個更高的目的藏在我們身上」。[122]簡單說來，也就是，文化可以提高人的精神素質，從而就有助於高揚理性道德的力量。本來，在康德看來，生命的價值和目的不在享受了什麼（幸福），而在於做了什麼（道德），在於他恰恰可以不作自然鎖鏈的一環。「善的意志是

---

121 同上書，第 83 節，第 95 頁。
122 同上書，第 83 節，第 98 頁。

人的存在所能獨有的絕對價值，只有與它聯繫，世界的存在才能
有一最終目的。」[123] 所以，自然的最終目的就是這種道德的人或
人的道德，這才是「作為本體看的人」。只有這種服從道德律令的
人，才是能有超感性（即自由）能力的自然存在物。這種作為道
德本體的人的自然存在，才是無條件的目的自身，才是作為現象
界的整個自然的最終目的和歸宿。它為什麼要存在，它為什麼目
的而存在，這類問題便不再存在了。因為它自身就是目的，就是
本體，就是「超感性的基體」。因之，現象到本體兩岸深淵之間，
便完成了過渡。

　　這裡也就到了康德目的論的結尾，也是整個康德哲學的結尾。
康德由牛頓（自然因果）到盧梭（道德）的概括總結，便大功
告成。

　　康德的目的論既不是科學，因為它不提供什麼客觀的原理，
不直接構成認識。但它也不是神學，由目的論而引出神學，在康
德看來是一種謬誤或曲解。「自然神學乃是對自然目的論的一種曲
解。」[124] 因為由自然目的推出設計製造各種生命現象的精靈們，
或推出一個最高智慧者、或原始原因、或設計者的存在，康德認
為，這只能得到一種完全不能由經驗證實的鬼神學，得不到康德
所需要的道德的上帝。

　　但另一方面，在前面列舉各種哲學史上的目的論時，康德就

---

123 同上書，第 86 節，第 110 頁。

124 同上書，第 85 節，第 108 頁。

特別同情有神論，認為它勝過其他理論。他也同情自然神學，認
為它雖然不是道德的神學，卻可以是這種神學的準備和「序曲」。
本書第九章已說，康德反對神學道德論，卻主張道德的神學。康
德這裡所謂神學，有一種社會領域的含義。因為在康德，所謂科
學與認識都指自然，指自然對象和物理世界。作為人的本質的理
性，在康德便是超感性、超自然的道德。這個不可知的本體世界
成了康德的道德神學的基礎，而目的論便是由自然現象界到達這
個「道德的神學」的橋樑。「換句話說，服從道德律令的理性存在
者的現實存在，才能看作是世界存在的最終目的。」[125]「從而，
為了在我們面前設立與道德律令相一致的最終目的，我們便必須
假設一個道德的世界原因（世界的創造者）。只要道德律令是必須
的，那麼道德的世界原因在同等程度和根據上，便是必須的，這
就是說，我必須承認有一個上帝。」[126]即承認有一個世界之上的
道德立法者，這就是康德的道德的上帝。[127]

---

[125] 同上書，第 87 節，第 118 頁。

[126] 同上書，第 87 節，第 119 頁。

[127] 康德說：「……神干預參與感性世界而起作用這種學院概念必須取
消。……例如說，在上帝幫助之後，醫生治好了病人，這便自相矛
盾。……要麼把全部作用歸之於那在理論上是不可認識的最高原因，要
麼把全部作用歸之於醫生，在根據自然秩序可以解釋的因果聯繫中……
但在道德上，神的干預卻又是完全適宜甚至必要的。例如在我們的信仰
中，只要一心真誠，上帝就會以我們不可思議的方式來幫助我們正義性
的欠缺，所以我們決不放棄努力為善，但任何人並不能由此把它作為一

在《實踐理性批判》中，是通過要求德性與幸福相結合的「至善」而必須設定上帝。在這裡，則是為了道德自身而必需有這個設定。前者仍具有某種客觀的成分，在這裡，在作為反思判斷力的目的論中，上帝成了完全主觀的設定，即它完全是人們主觀上的一種需要。這與《純粹理性批判》裡的上帝固然大不相同，與《實踐理性批判》裡的上帝也有所不同了。它既不是為了認識（探究自然的範導原理），也不是為了「至善」（來生的幸福），而只是為了行為：「為了我們理性的實踐的即道德的使用。」[128]上帝在康德《判斷力批判》中，最終就明確地變成一種完全失去客觀存在性質，而純粹是人們主觀信仰的東西。康德整個「批判哲學」的體系，由批判上帝存在能證明開始，最終落腳在上帝存在作為主觀信念而必需之上；遂告完成。康德的語言，是為了道德——實踐理性的需要，必須要求人們在主觀上信仰它。對教會和宗教嬉笑怒罵的伏爾太說，沒有上帝，人也要創造一個。法國革命的急進派羅伯士庇爾在大革命高潮中要創造供人崇拜的上帝，其原因都在：需要創造一個神來作為統一人們行動的信仰。杜思妥也夫斯基在他的小說中說得清楚：沒有上帝那怎麼辦，人人都可以幹壞事了。這一切說明，歸根到底是需要有上帝作為一種主觀信仰和崇拜對象，來組織、調動、管制、約束、規範人們的道德、行

件世間因果事件來解釋，因為這乃是對超感性世界的理論認識，完全是徒勞無功和荒謬絕倫的。」（《永久和平論》）

128 《判斷力批判》目的論的一般說明，參看韋譯本，第 159 頁。

為。一切證明上帝存在和創造世界的有神論，不過是間接地最終
服務於這個目的。康德的所謂道德的神學，一個不能證實卻必須
信仰的上帝倒是掃開了一些假象 ， 把這個實質說得最為直截了
當了。

可見，康德溝通認識與倫理、自然與人，而提出判斷力批判，
結果歸宿到上帝的懷抱中。在人與自然的現實統一方面，康德未
能向前邁進。目的論雖然講到人使用外在和內在自然作為工具來
實現各種目的，但只一帶而過。康德在認識論中大講為自然立法
的人的主觀能動性，在這裡看不見蹤影。其實，在這裡倒正是需
要高揚人的社會實踐的主觀能動性，從而使自然向人生成的根本
觀點的。

「自然向人生成」，是個深刻的哲學課題，這個問題正是美學
的核心所在。自然與人的對立統一的關係，歷史地積澱在審美心
理中。它是人所以為人而不同於動物的具體感性成果，是自然的
人化和人的對象化的集中表現。所以，從唯物主義實踐論觀點看
來，溝通認識與倫理、自然與人、總體（社會）與個體，並不需
要上帝，不需要目的論，只需要美學。真、善、美，美是前二者
的交互作用的歷史成果。美不只是一個藝術欣賞或藝術創作的問
題，而是「自然的人化」的這樣一個根本哲學——歷史學問題。
美學所以不只是藝術原理或藝術心理學，道理也在這裡。

康德看到這個問題，但作了主觀唯心主義的解決，把審美當
作主觀合目的性的形式。這樣便不可能解決「自然向人生成」這
個巨大課題，於是又搞了個目的論殿後。[129] 但康德美學比起目的

論部分，就哲學本身和哲學史的發展說，似更為重要。

康德的主觀唯心主義的美學，後來由席勒多少加以客觀化的修正。席勒也正是從自然與人、感性與理性這個哲學課題上來修正康德的美學的，所以席勒講的也不只是審美——藝術的問題，而具有社會的以至政治的內容。康德把自然與人鎖在審美「主觀的合目的性」中來解決，席勒則代之以「感性衝動」與「理性衝動」：「第一個『衝動』要求它的對象有絕對的實在性，它要把凡只是形式的東西造成為世界，使在他之內的一切潛在能力顯示出來。第二個『衝動』要求對象有絕對的形式性，它必須在他之內的凡只是世界的東西消除掉，在所有變異中有協調，換句話說，他必須顯示出一切內在的，又把形式授給一切外在的」；[130] 前者「把我們身內的必然轉化為現實」，後者「使我們身外的實在服從必然的規律」。[131] 就是說，一方面要使理性形式（倫理的人）獲得感性內容，使它具有現實性；另一方面又要使千差萬異錯綜不齊的感性世界（自然的物）獲得理性形式，使它服從人的必然。在席勒這裡，自然與人的相互作用和轉化開始具有了比較現實的方式。但席勒仍繼承康德，要用所謂「審美教育」去把所謂「自然的人」上升為「道德的人」。所以儘管他把康德拉向了現實和社

---

129 本來，康德的《判斷力批判》也只講美學。隨後有了目的論判斷，但整個只作為附錄。在第 1 版，目的論占很大一部分，如第 79 節以後都還是附錄。到第 2 版才去掉附錄的標題。

130 席勒：《審美教育書信》第 11 封。

131 同上書，第 12 封。

會，但他不懂現實生活和社會的物質實踐。到黑格爾，則以實體化的絕對理念作為一切的歸趨，自然與人被統一在精神的不斷上升的歷史階梯中，自然界的有機體不過是絕對理念的一個環節，人與自然的深刻關係在黑格爾美學中並不占據多大地位。在黑格爾，「美就是理念的感性顯現」。[132]黑格爾注意的只是精神、理念如何歷史地實現的問題，自然僅作為實現理念的一種材料而已。如果說，歷史總體的辯證法是黑格爾所長，個體、感性被淹沒在其中則是黑格爾所短。那麼，重視個體、自然、感性的啟蒙主義的特徵，卻仍為康德所保存和堅持。這種歧異在二人的美學中表現得最為突出。作為歷史，總體高於個體，理性優於感性；但作為歷史成果，總體、理性卻必須積澱、保存在感性個體中，才有意義。審美現象的深刻意義正在這裡。黑格爾的美學與康德、席勒不同。黑格爾的美學主要成了一種藝術理論，它只是一部思辨的藝術哲學史或藝術的哲學思辨史。康德美學則不然。歌德對康德極為贊賞欽佩，視為同道，對黑格爾則不滿意，這不是偶然的。[133]歌德重視感性、自然、現實的「過於入世的性格」（恩格斯），使他對黑格爾那種輕視和吞併感性現實的思辨哲學採取了保留的態度。

　　所以，真正沿著企圖去統一自然與人的康德、席勒的美學下

---

[132] 黑格爾：《美學》第 1 卷，朱光潛譯，人民文學出版社，1958 年，第 138 頁。

[133] 見《歌德與愛克爾曼談話錄》，參看本書第一章。

來的,並不是黑格爾,倒應該算費爾巴哈。

費爾巴哈恢復了感性的應有地位。他把自然與人統一於感性。他說:「藝術在感性事物中表現真理這句話,正確理解和表達出來,就是說:藝術表現感性事物的真理。」[134] 但是對費爾巴哈來說,這個所謂「感性事物的真理」,乃是空洞的「愛」。「愛」固然是感性的東西,但這個感性還不是歷史具體的,而是超脫時代、階級、民族的抽象。誠如魯迅所說,「人必須生活著,愛才有所附麗」,而生活實踐卻是有著各種歷史具體的內容的。如本書前幾章所指出,費爾巴哈只知道感性的人,不知道實踐的人。實踐的人遠不只是自然感性的人,而且是具有具體現實活動即一定歷史內容的社會、時代、階級的人。費爾巴哈不懂得這些,也就不可能懂得在實踐基礎之上自然與人、感性與理性的歷史的統一關係,從而也就不可能懂得美作為人(理性)與自然(感性)統一的真實基礎究竟是什麼。所以包括費爾巴哈的門徒車爾尼雪夫斯基[135]

---

134 費爾巴哈:《未來哲學原理》第 39 節,《費爾巴哈哲學著作選集》上卷,三聯書店,1959 年版,第 171 頁。

135 車爾尼雪夫斯基提出「美是生活」的命題,在西方美學史上從不被注意,甚至不被提及,但在中國的美學界、文藝批評界,特別是在一九五〇年代以來,卻起了任何其他理論都比不上的巨大影響。之所以如此,是它恰好適應了當時的革命文藝和革命人生觀的需要。車氏所用「生活」(ЖИЗНЬ)一詞本意是生命、生命力,雖然其中也包括社會生活,但基本上仍是抽象人本主義以至生物學的。在中國,人們卻甩開了車氏的這層涵義,突出強調了其中的社會生活以及這種生活中的階級內容(根據車

也不可能徹底批判從康德開始的德國古典唯心論的美學。

（二）「人是依照美的尺度來生產的」（馬克思）

　　從馬克思主義的唯物史觀看來，康德提出的「自然向人生成」和所謂自然界的最終目的是道德——文化的人，實際上乃是通由人類實踐，自然服務於人，即自然服務於人的目的，亦即是人通由實踐掌握自然規律，使之為人的目的服務。這也就是自然對象主體化（人化），人的目的對象化。康德所謂整個自然好像是為了人的存在才有意義和價值，實際乃是人利用整個自然的因果必然而實現、達到非自然本身的目的和成就。主體（人）與客體（自然）、目的與規律這種彼此依存、滲透和轉化，是完全建築在人類改造世界的長期歷史實踐的基礎之上的。

　　這裡，就要回到導致康德哲學走向信仰主義去的那些「神祕東西」。前面已講，康德在《純粹理性批判》中經常提到一種非人所能具有的直觀的知性或「知性直觀」，就是說，人的知性與直觀（感性）在根源上是分離的，知性來自主體自身，雖普遍卻空洞；直觀來自感性對象，雖具體卻被動；人要進行認識，必須二者結合，這是我們已很熟悉的康德認識論的基本命題。但康德在強調這一基本命題時，就再三講並不排除可以有一種把二者合在一起的能力，即理性與感性、普遍與特殊、思維與存在合為一體，此

氏所舉貴族小姐的美與農婦的美等例子）等意義，實際等於作了一次選擇式的援用。

即知性直觀或直觀知性。對於它來說，就沒有什麼本體與現象界的區別，人所不能認識的「物自體」對它來說，也就不存在了。康德在幾個《批判》裡不斷提到的所謂「靈知世界」、所謂機械論與目的論在「超感性的基體」中的同一等等，都是講這個問題。

這究竟是個什麼問題？康德為什麼要一再提出與他的認識論基本命題相對立的這種所謂知性直觀或直觀知性？如果去掉其走向信仰主義的東西後，便可以看到，這裡實際上提出的是一個思維與存在的同一性問題。由於康德以「物自體」為中心環節的二元論體系把這個同一性割裂掉了：物自體不可知，認識不能轉化為存在，於是便只好在神祕的「靈知世界」去企求這個同一。只有在那裡，在康德的所謂知性直觀中，二者是同一的。思維就是存在，可能就是現實，普遍就是特殊，理性就是感性，本體就是現象，「應當」就是「就是」，目的論就是機械論；思維不僅是認識存在，而且還創造存在，這種同一當然具有濃厚的神祕性質。

繼康德之後，費希特正是抓住這種所謂知性直觀，來重新建立起思辨的形而上學。謝林更是直接從《判斷力批判》中的自然有機體特徵和知性直觀來大加發揮，把自然與思維納在一個客觀原始力量中，以建立他的「同一哲學」。[136] 黑格爾最終消滅一切矛

---

136 「因此，在理智本身必然可以指出一種直觀，……只有通過這樣一種直觀，……才解決了先驗哲學的全部（最高）問題（解釋主觀事物與客觀事物的一致）。」「這種直觀如果先加以斷定，則只能是藝術直觀」（謝林：《先驗唯心論體系》第 5 章，商務印書館，1977 年版，第 260～261 頁）。由謝林開其端的這種神祕的知性直觀，為叔本華、尼采等所繼承發

盾作為絕對理念的所謂「具體的共相」，所謂「在最高的真實裡，自然與必然，心靈與自然，知識與對象，規律與動機等的對立都不存在了，總之，一切對立與矛盾，不管它們採取什麼形式，都失其為對立與矛盾了」[137]等等，也是從這裡來的。但康德提出的這種同一性，經過費希特和謝林，到黑格爾手中，展開為一整套相互過渡和轉化的歷史環節的辯證法後，思維向存在的轉化獲得了一種深刻的意義。思維與存在的同一性便成為德國古典哲學的重大主題和精髓。但是思維與存在卻還是統一於唯心主義的思維、精神，並最終消失在上述那種形而上學的絕對統一之中。

馬克思主義把德國古典哲學提出的思維與存在同一性問題顛倒過來，作了唯物主義的新解答。馬克思主義從人的物質實踐中來講思維與存在、精神與物質的相互轉化。人的實踐利用客觀自然規律，把自己的意識和目的變為現實，使思維轉化為存在，從而也就使整個自然界打上了自己的印記。列寧說，「人的意識不僅反映客觀世界，並且創造客觀世界」。[138]人的活動是有意識有目的的，他利用自然規律以實現自己的目的，這種目的常常是有限的，從自然得來的（例如維持生存）。但重要的是，「目的通過手段和客觀性相結合」，產生和得到了遠遠超越有限目的的結果和意義。列寧引黑格爾的話：「手段是比外在的合目的性的有限目的更高的

展。可參看盧卡契《理性的毀滅》。

137 黑格爾：《美學》第 1 卷，人民文學出版社，1958 年版，第 123 頁。

138 《哲學筆記》，1974 年版，第 228 頁。

東西；⋯⋯工具保存下來，而直接的享受卻是暫時的，並會被遺忘的。人因自己的工具而具有支配外部自然界的力量，然而就自己的目的來說，他卻是服從自然界的。」列寧對此一再指出是：「黑格爾的唯物史觀的萌芽」。[139] 人在為自然生存的目的而奮鬥的世代社會實踐中，創造了比這有限目的遠為重要的人類文明。

　　人使用工具、創造工具本是為了維持其服從於自然規律的族類生存，卻由於「目的通過手段與客觀性相結合」，便留存下了超越這種有限生存和目的的永遠不會磨滅的歷史成果。這種成果的外在物質方面，就是由不同社會生產方式所展現出來，從原始人類的石頭工具到現代的大工業科技文明。這即是工藝——社會的結構方面。這種成果的內在心理方面，就是分別為內化、凝聚和積澱為智力、意志和審美的形式結構。這即是文化——心理的結構方面。在不同時代社會中所展現出來的科學和藝術便是它們的物態化形態。個人的生命和人維持其生存的目的是有限的，服從於自然界的，人類歷史和社會實踐及其成果卻超越自然，萬古長存。

　　康德泯滅思維與存在同一性的「靈知世界」，黑格爾泯滅這種同一性的「絕對理念」，是唯心主義的神祕，它導向信仰主義、目的論、宗教和上帝。馬克思主義的思維與存在的同一性，把自然的人化看作是這種同一性的偉大歷史成果，看作是人的本質之所在，是深刻的唯物史觀和實踐論哲學，它指向審美領域。

---

139 同上書，第 202 頁。

　　不是神，不是上帝和宗教，而是實踐的人，集體社會的億萬勞動群眾的實踐歷史，使自然成為人的自然。不僅外在的自然界服務於人的世界，而且作為肉體存在的人本身的自然（從五官感覺到各種需要），也超出動物性的本能而具有了人（即社會）的性質。這意味著，人在自然存在的基礎上，產生了一系列的超生物性的素質。審美就是這種超生物的需要和享受（康德稱之為「判斷力」），這正如在認識領域內產生了超生物的肢體（不斷發展的工具）和語言、思維即認識能力（康德稱之為「知性」），倫理領域內產生了超生物的道德（康德稱之為「理性」）一樣。這都是人所獨有，區別於動物的社會產物和社會特徵。

　　人性也就正是這種生物性與超生物性的統一。不同的只是，認識領域和倫理領域的超生物性質經常表現為感性中的理性，而在審美領域，則表現為積澱的感性。在認識領域和智力結構中，超生物性表現為感性活動和社會制約內化為理性；在倫理和意志領域，超生物性表現為理性的凝聚和對感性的強制，實際都表現超生物性對感性的優勢。在審美中則不然，這裡超生物性已完全溶解在感性中。它的範圍極為廣大，在日常生活的感性經驗中都可以存在，[140]它的實質是一種愉快的自由感。所以，吃飯不只是充飢，而成為美食；兩性不只是交配，而成為愛情；[141]從旅行遊

---

140 參看杜威 (J. Dewey)：《藝術即經驗》。當然他的實用主義哲學是我不贊成的，參看第二章。

141 康德〈人類歷史起源臆測〉一文中曾猜測式地提及這一點：「……是一種

歷的需要到各種藝術的需要；感性之中滲透了理性，個性之中具有了歷史，自然之中充滿了社會；在感性而不只是感性，在形式（自然）而不只是形式，這就是自然的人化作為美的基礎的深刻涵義，即總體、社會、理性最終落實在個體、自然和感性之上。馬克思說：「舊唯物主義的立腳點是市民社會，新唯物主義的立腳點則是人類社會或社會化的人類」。[142]馬克思主義的唯物主義的理想是全人類的解放，這個解放不只是某種經濟、政治要求，而具有許多更為深刻的重要東西，其中包括要把人從所有異化的狀態中解放出來。美正是一切異化的對立物。當席勒把「遊戲衝動」作為審美和藝術本質時，可以說已開始了這一預示。人只有在遊戲時，才是真正自由的，個體的人只有在自由創造性的勞動和社會活動中，才是美的。

　　所以，如果從美學角度看，我以為，並不是如時下許多人所套的公式：康德→黑格爾→馬克思，而應該是：康德→席勒→馬克思。貫串這條線索的是對感性的重視，不脫離感性性能特徵的塑形、陶鑄和改造來談感性與理性的統一。不脫離感性，也就是不脫離現實生活和歷史具體的個體。當然，在康德那裡，這個感性只是抽象的心理；在席勒，也只是抽象的人，但他提出了人與

藝術傑作，從單純的官能吸力過渡為一種理想的吸引力，從動物性的欲望過渡為愛情，從而由單純的快感過渡為美的品評，起初是對人，後推之於大自然對象」。

[142] 《關於費爾巴哈的提綱》，《馬克思恩格斯選集》第 1 卷，第 16 頁。

自然、感性與理性在感性基礎上相統一的問題，把審美教育看作由自然的人上升到自由的人的途徑，這仍然是唯心主義的烏托邦，因為席勒缺乏真正歷史的觀點。馬克思從勞動、實踐、社會生產出發，來談人的解放和自由的人，把教育學建築在這樣一個唯物史觀的基礎之上。這才在根本上指出了解決問題的方向。所以馬克思主義的美學不把意識或藝術作為出發點，而從社會實踐和「自然的人化」這個哲學問題出發。

　　我曾多次強調，馬克思講「自然的人化」，並不是如許多美學文章所誤認的那樣是講意識或藝術創作或欣賞，而是講勞動、物質生產即人類的基本社會實踐。[143] 馬克思指出：「社會是人與自然的完成了的本質的統一體」，[144]「全部所謂世界史乃不過是人通過勞動生成的歷史，不過是自然向人生成的歷史」。[145] 又說：「工業是自然和自然科學對人類現實的歷史關係。如果工業被看作是人的本質力量的外在顯現，那麼，我們就好理解自然的人的本質或人的自然本質了」。[146] 就是說，人類通過工業和科學，認識和改造了自然，自然與人歷史具體地通過社會的能動實踐活動，對立統一起來。不是由自然到人的機械進化論，不是由自然到道德神祕的目的論，而是唯物主義的思維與存在同一性即人能動地改造自

---

143 藝術或欣賞中自然景物帶有人的感情特色，不過是自然的人化的曲折反映，並不是馬克思講的自然的人化。

144 《經濟學—哲學手稿》，參看何思敬譯本，1963年版，第85頁。

145 同上書，第94頁。

146 同上書，第91頁。

然的實踐論，才是問題的正確回答。通過漫長歷史的社會實踐，自然人化了，人的目的對象化了。自然為人類所控制改造、征服和利用，成為順從人的自然，成為人的「非有機的軀體」，[147] 人成為掌握控制自然的主人。自然與人、真與善、感性與理性、規律與目的、必然與自由，在這裡才具有真正的矛盾統一。真與善、合規律性與合目的性在這裡才有了真正的滲透、交溶與一致。理性才能積澱在感性中，內容才能積澱在形式中，自然的形式才能成為自由的形式，這也就是美。

　　美是真、善的對立統一，即自然規律與社會實踐、客觀必然與主觀目的的對立統一。[148] 審美是這個統一的主觀心理上的反映，它的結構是社會歷史的積澱，表現為心理諸功能（知覺、理解、想像、情感）的綜合，其各因素間的不同組織和配合便形成種種不同特色的審美感受和藝術風格，[149] 其具體形式將來應可用某種數學方程式和數學結構來作出精確的表述。[150] 今天暫用古典哲學的語言，則可以說，真、善的統一表現為客體自然的感性自由形式是美，表現為主體心理的自由感受（視、聽覺與想像）是審美。形式美（優美）是這個統一中矛盾的相對和諧的狀態；崇高則是

---

147 同上書，第 57 頁。

148 參看拙作《美學論集》美學三題議，上海文藝出版社，1980 年。

149 參看拙作《美學論集》虛實隱顯之間，上海文藝出版社，1980 年。

150 康德認為，形成審美愉快的想像力與知性的自由協調，其具體關係是不可知的，所以引進了神祕的形式和目的性的觀念。現代心理學還未能科學地規定審美的心理狀態，但將來可以作到。

這個統一中矛盾的衝突狀態。崇高的基礎不在自然,也不在心靈
(如康德美學所認為),而是在社會鬥爭的偉大實踐中。所以,偉
大的藝術作品經常以崇高為美學表徵,即以體現複雜激烈的社會
鬥爭為基礎和特色的。志士仁人、億萬群眾的鬥爭,勇往直前,
前仆後繼,不屈不撓,英勇犧牲,正是藝術要表現的社會崇高。
自然美的崇高,則是由於人類社會實踐將它們歷史地征服之後,[151]
對觀賞(靜觀)來說,成為喚起激情的對象。所以實質上不是自
然對象本身,也不是人的主觀心靈,而是社會實踐的力量和成果
展現出崇高。美(優美與崇高)都具有這種客觀社會性。藝術美
是它的反射。從人的創造性活動(合目的性與合規律性的統一)
到人的藝術享受、自然觀賞,都可以有這種美的客觀存在和審美
的主觀愉快。

　　特別是階級對立、各種剝削壓迫徹底消滅之後,在人不再是
為維持其動物性的生存而勞動,不再為各種異己的力量和因素所
控制、支配而勞動,即不再是為吃飯,為權利、地位、金錢、虛

---

151 這裡所謂「征服」、「改造」不是在一種狹隘、直接的意義上說的,不是
　　指人直接改造過的對象而已。恰好相反,崇高的自然對象,經常是未經
　　人改造的景象或力量,如星空、荒野、大海、火山等等。因此所謂「征
　　服」、「改造」就是指自然作為整體處在人類發展的特定歷史階段上的意
　　思。只有當荒野、火山、暴風雨不致為人禍害的文明社會中,它們才成
　　為觀賞對象。文明越發達,就越能欣賞這種美。在原始社會或社會發展
　　的低下階段時,這些自然景物、對象經常只是畏懼、膜拜、神祕化、擬
　　人化的對象,而不能成審美意義上的自然的崇高。

榮……而勞動，同時也日益擺脫作機器、技術的各種附屬品的單調勞動或附庸地位（包括生活、工作和心理）之後，體現人的創造性和個性豐富性的勞動活動及其他實踐活動將大量以美的形式展現出來。「人是目的」的科學含義將真正出現，人的存在本身也將面臨一個根本性的變革。社會財富的創造不是以工作時間，而將以自由時間來估量計算，藝術的、科學的、創造性的自由勞動將成為社會發展的指標和尺度。人無論在外在或內在方面，無論人的社會方面或自然方面，都將具有一些嶄新的性質。「自由時間——不論是作為閑暇時間或從事高級活動的時間——自然都會把它的占有人變成一種全然不同的主體，而且變成這樣一種全然不同的主體以後，他會重新參加到直接生產過程裡去。

　　對正在成長過程中的人來說，自由時間是受教育的時間，對成人來說，自由時間是從事實驗科學，在物質上製造、發明、實習和使科學物化的時間。……」（馬克思）[152] 在原始社會裡只是極少數的巫師，到資本主義社會也只是作為一個階層的知識分子所能占有的這種時間、地位和作用，到未來共產主義社會裡，將成為占主要地位的普遍勞動形態，而也只有當它成為社會普遍的或主要的勞動形態時，共產主義也就到來了。所以，吃飽肚子和生活享受並非共產主義。共產主義如馬克思所早指出，是不同於史前期必然王國的自由王國。它不只是把人從貧困中、而且從一切異己狀態中解放出來，包括把人（個體）從階級的符號、生產的

----

152 《政治經濟學批判大綱》，中譯本，第 3 分冊，1963 年版，第 364 頁。

工具、技術的附庸或供買賣的勞動力中解放出來。它已是今天人類社會發展和經濟不斷增長愈來愈明白展示出來的不可抗拒的客觀趨勢，同時也正是億萬群眾所奮鬥以求的美的理想。

可見，客觀的美和主觀的審美意識的根本基礎，康德把它們統統歸結為神祕的「超感性的基體」的，[153]實際卻在於人改造自然（包括外部自然與內部自然）的勝利。這才是「自然向人生成」，成為人所特有的感性對象和感性意識。它是社會的產物、歷史的成果。如果說從原始人的石器到現代的大工業物質文明標誌著人對自然的不斷征服的尺度，標誌著自然與人的現實的歷史關係；那麼，美與審美也標誌著這一點。不同的是：它呈現在主客體的感性直接形式中，與工業作為人所特有的外部物質形式相映對。如果說，工業（廣義的，下同）、文明（社會時代的，下同）可作為展現開來的心理學的尺度。那麼，美和審美（藝術）則可作為收卷起來的工業與文明的尺度。美的本質與人的本質就是這樣緊密聯繫著的，人的本質不是自然進化的生物，也不是什麼神祕的理性，它是實踐的產物。美的本質也如此。

美的本質標誌著人類實踐對世界的改造。馬克思說：「動物只按照它所屬的物種尺度和需要來生產，人類則能按照任何物種的尺度來生產並到處適用內在的尺度到對象上去。所以人是依照美的尺度來生產的。」[154]康德、席勒的美學儘管講人與自然，理性

---

153 《判斷力批判》第 57 節，參看宗譯本，第 186～189 頁。

154 《經濟學—哲學手稿》，參看何譯本，第 59 頁。

與感性的統一，但是他們不能把這個統一擺在思維與存在的同一性、自然向人生成、自然的人化這樣一些根本哲學課題的唯物史觀的解答之上，從而也就不能正確說明美的本質。

在現代科學技術迅猛發展，自動化、計算機日益推廣，機器不斷替代人的各種力量和功能，不但是手的延長而且是腦的延長，不再只是助手而且日益負擔起物質生產重要職能的形勢和前景下，在資本主義社會裡，悲觀主義（人被技術所統治和控制）反而喧囂一時，形形色色的新學說主張用心理分析來替代唯物史觀，作為進行「革命」的理論，他們要求從現代工業技術的所謂「非理性統治」下解放出來。

社會總體的物質文明和消費生活是迅猛發展了，個人的孤獨、憂鬱、無聊、焦慮、無目的、恐懼……反而增加（現代藝術也正是以醜的形式反映這種心理情緒），宗教的衰亡使人似乎失去精神寄托，科技發達使人們在勞動和生活之間的親切互助關係似乎愈發疏遠……，人處於各種形式的異化狀態中。人的工作和生活、生產和消費、欲望和享受、需要和意識、情感和思維……，都似乎被這個技術時代所異化，為它所支配和控制（前資本主義社會，異化則表現為赤裸裸的政治、宗教形態，人所製造出來的權力和偶像殘酷奴役著人自己，無論在現實上或精神上）。於是，盧梭提出的老問題（文明、科學與道德的「二律背反」）又一次以「新」的形態，為從海德格爾、沙特到馬爾庫塞所不斷提出。人與自然這個老問題以突出的總體（社會）與個體（自然）的新關係表現了出來。[155]

　　如上章所談到，為黑格爾總體主義所淹沒的個體意識，在現代生活條件迅猛擡頭和發展，個人存在的巨大意義日益突出，個體作為血肉之軀的自然存在物，在特定狀態和條件上，突出地感到自己存在的獨特性和無可重複性（如在死亡面前，感到存在的真正深度等），意識到這才是真正的「存在」，從而要求從那種所謂「無人稱性」和被磨滅掉的「人」即失去了個體存在意義的社會總體中掙脫出來，讓「存在」不被「占有」所吞噬，……這些為存在主義所津津樂道的主題，以及為馬爾庫塞等所強調的所謂「片面的人」（「單維的人」），要求從現代技術——物質的異化力量控制中解脫出來等等，都是以一種哲學的方式表達了資本主義現代社會中人與自然、社會與個體之間巨大矛盾和分裂。這種矛盾和分裂的根源是特定社會條件下的階級剝削和統治，而不應歸咎於迅猛發展的科學技術和物質文明本身。布貝爾 (Martin Buber) 反對我—它關係，強調我—你關係才是人的真實存在。其實古代中國哲學所強調的「天人合一」和「道在倫理日用之中」，更深地揭示不是由個體—上帝，而是現實世間的人際關係和人與自然的和諧，才是人的真正存在。這當然是產生在古代農業社會小生產基礎上的理想。[156]

---

155 康德在〈人類歷史起源臆測〉中以樂觀主義的態度也提出這個問題：社會性（文明、道德）與自然性（本能、動物性）的矛盾，例如自然性使人到達一定年齡就要求婚配生育，而社會文明則要求推遲這個期限，如此等等。

156 參看拙作《中國古代思想史論》。

　　存在主義所突出的個體真實存在的喪失和追求，則是表現了現階段資本社會高度發展下人際關係的冷漠，人間情味的喪失，個體生活和心理的被同一化，從而追求免除異化、尋求生命的真實價值亦即個體存在的豐富意義。本來，自然的生命存在沒有什麼獨特性和無可重複性，它的獨特和無可重複恰恰在於他自覺地意識和選擇，其實，這就正是他的歷史具體的社會內容和價值。在個體自然中充滿了極其豐滿的社會性，這才是真正的個性意義之所在。存在主義以消極的悲觀主義的反面形式表述了人與自然、社會與個體必須統一的時代課題。在審美藝術中最先突出表現個性的獨特性、豐富性、多樣性，個體的重要意義，將來會在整個社會生活的各個方面充分展示和發展起來，而個性和個體潛能的多方面和多樣性的發展，正是未來社會的一大特徵。

　　馬克思說：「共產主義是私有制即人的自我異化的積極的揚棄，……是人向自己作為社會的即人性的人的復歸，這個復歸是完全的，是自覺地保留了發展中所得到的全部豐富性的。這種共產主義作為完成了的自然主義＝人本主義，作為完成了的人本主義＝自然主義。它是人和自然以及人和人之間對抗的真正解決，是存在和本質、對象化和自我肯定、自由和必然、個體和族類之間抗爭的真正解決。它是歷史之謎的解決，並且它知道它就是這種解決」。[157]「自然科學將使自己屬於人的科學，正如人的科學將屬於自然科學，成為同一個科學」。[158]這裡的「人性」、「人本主

---

157 《經濟學—哲學手稿》，參看何譯本，第82～83頁。

義」就恰恰應理解為具有具體社會歷史性質、包含自然而又超自
然，從而是與其他人性論、人本主義（實即自然性和抽象的人性
論）[159] 根本對立的。只有在上述人的對象化和自然的人化的理解
基礎上，才可能有上述問題的理論「解答」。而現實的解答便不是
別的，它即是馬克思所指出的「每個人的自由發展是一切人的自
由發展的條件」的未來社會。這種充分發展起來的個體本身，也
就正是人與自然、社會與個性之間的高度統一。

（1979、1984 年）

---

[158] 《經濟學－哲學手稿》，參看何譯本，第 91～92 頁。

[159] 包括馬爾庫塞。他用自然性的東西來反對社會性的東西，而沒有看到就
　　　人類歷史成果說，重要的是自然性中所積澱的社會性，兩者的交融統一，
　　　而不是兩者的對抗。

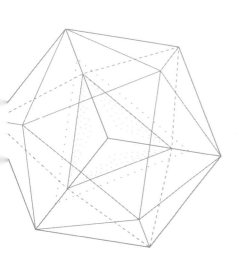

三、康德哲學與建立主體性論綱

（一）

　　研究哲學史可以有兩種角度或方法。一種是歷史的，即從歷史的角度來研究哲學思想的內容形式、體系結構、來龍去脈，搞清它們在歷史上的地位、作用、影響以及它們社會的、時代的、民族的、階級的根源或聯繫，包括考據、文字的訓詁、說明等等。這種研究方法以傳授知識為主，可能是研究哲學史的主要方法。但是，也可以有另外一種哲學的角度或方法，即通過研究哲學史或歷史上某些哲學家來表達某種哲學觀點。用中國的古話說，前者是「我注六經」，後一種是「六經注我」。克羅齊說一切歷史都是當代史。其實在某種意義上，更加可以說一切哲學史都是當代哲學。用這種角度看一下康德哲學，看看它能為當代馬克思主義哲學提供些什麼東西，這是我感興趣的問題。我在《批判哲學的批判——康德述評》一書中對此曾提出一些看法，現在作點簡略而粗陋的說明。

　　最近國內關於人道主義和人性論的討論比較熱烈，就從這個問題談起。

　　人性是什麼？現在許多人都同意人性不能等於階級性了（毛澤東時代一般認為人性就是階級性），這很明顯，因為階級社會在整個人類社會中只占很短暫的一段，從階級社會發生前的幾十、

幾百萬年到階級社會消滅後的「共產主義」都是無階級社會。階級性沒有了，人性卻仍存在。

人性是否等於動物性呢？人性是否就是吃飯、睡覺、飲食男女呢？現在我國以及西方常有人把人性等同於這種動物性或人類某些原始的情欲（如性、「侵略」等等），認為人性復歸就是回到這些東西。這是我不同意的。人性恰恰應該是區別於動物而為人所特有的性質或本質，這才叫人性。這種人性或人的本質在階級社會中被嚴重異化了。甚至使人性淪為動物性。如馬克思《一八八四年經濟學─哲學手稿》中所指出，勞動的異化使人在吃喝等動物性的活動中才感到自由。這種「自由」並非人性。

人性是否等於社會性[1]呢？很多說法都把人性看作社會性。但「社會性」這個概念並不很清楚，究竟什麼是社會性？是群體性嗎？動物也有群體性，在某些動物群體中，也有某種組織、分工、等級甚至某些「道德行為」、「利他主義」，如犧牲個體以保存群體等等。人性並不能等同於這種本能式的「社會性」。

那麼，社會性是否即某種社會意識呢？但我們知道這種社會性經常被解釋成某種脫離感性又支配、主宰感性的純理性的東西。

---

1 「社會性」、「社會的」在這裡是在其普通涵義上使用的。不是用馬克思早年使用的原義，例如在《一八八四年經濟學─哲學手稿》中，「社會」是指一種人與自然相統一的理想，「社會是人同自然界所完成了的、本質的統一，是自然的真正交融，是人的實現了的自然主義和自然界實現了的『人本主義』」，這種意義上的「社會性」、「社會的」倒相當於本文所說的「人性」、「人的」。

與其說它是人性，還不如說它是強加於人的神性。這種理性（社會性）倒恰好與前述那種異化了的感性（動物性）成了對應，把人性了解為、歸結為這種異化了的社會性（如宗教觀念、禁欲主義、人成為生產的奴隸、機器〔如計算機〕的附庸等等），正如把人性了解為、歸結為本能、自然性（如原始情欲、縱欲主義、人成了消費的奴隸、廣告的俘虜等等）一樣。它們實際都不是人性。

人性應該是感性與理性的互滲，自然性與社會性的融合。這種統一不是二者的相加、湊合或混合，不是「一半天使，一半惡魔」，而應是感性（自然性）中有理性（社會性），或理性在感性中的內化、凝聚和積澱，使兩者合二而一，融為整體。[2] 這也就是自然的人化或人化的自然。

人性是就人與物性、與神性的靜態區別而言。如果就人與自然、與對象世界的動態區別而言，人性便是主體性的內在方面。就是說，相對於整個對象世界，人類給自身建立了一套既是感性具體擁有現實物質基礎（自然），又是超生物族類、具有普遍必然性質（社會）的主體力量結構（能量和信息）。馬克思說得好，動物與自然是沒有什麼主體和客體的區別。它們為同一個自然法則支配著。人類則不同，他通過漫長的歷史實踐終於全面地建立了一整套區別於自然界而又可以作用於它們的超生物族類的主體性，這才是我所理解的人性。

---

2 與此相對立的是勞動的異化，它既是感性的異化又是理性的異化。而勞動的異化是其他各種異化（如技術異化、心理異化）的根源。

　　康德哲學的功績在於，他超過了也優越於以前的一切唯物論者和唯心論者，第一次全面地提出了這個主體性問題，康德哲學的價值和意義主要不在他的「物自體」有多少唯物主義的成分和內容，而在於他的這套先驗論體系（儘管是在唯心主義框架裡）。因為正是這套體系把人性（也就是把人類的主體性）非常突出地提出來了。現在的問題是要分析康德所提出的問題。康德哲學是由認識論、倫理學和美學與目的論三個部分即三大《批判》所組成。下面就這三個方面簡單地談一下。

<h1 style="text-align:center">（二）</h1>

　　1.康德認識論的特點在於他提出了從時空感性直觀到純粹知性概念（範疇）的認識形式。他認為人類先驗地具有這一套認識形式，才能把感覺材料組成知識。如果沒有這套主體的認識形式，我們就不可能得到普遍必然的科學知識，也就是說不可能認識客觀世界。這個看來似乎是荒謬的先驗論，實際上比舊唯物論從哲學上說要深刻，從科學上說要正確。近代科學已經證明，認識並不像舊唯物論所理解那樣，是一種從感覺、知覺到概念的循序漸進的單線簡單過程。不是那種被動的、靜止的、鏡子式的反映。

　　實際上，從感覺一開始，就有一整套主觀方面的因素在裡面。在動物那裡，感覺器官對外界事物的接受、反映，就是和生物過

程的整體活動連在一起的。中樞神經的調節對感覺器官經常具有支配性甚至決定性意義，這是一個有輸入輸出的反饋系統。離開了這一點，把感覺孤立起來，這是幼年時代的生物學和心理學。動物尚且如此，進到人類以後，情況更為複雜。這種神經中樞的支配性能，包括先天遺傳因素在內，受著人類勞動實踐活動和社會歷史的巨大影響。

馬克思指出過，人的五官感覺是「全部世界史的成果」。洛侖茲 (K. Lorenz) 也指出，從動物到人，從認識器官到思維形式，都是機體在適應環境的交互作用中形成和產生出來的（參閱《在鏡子背後》）。我的《批判哲學的批判——康德述評》一書反覆強調的是，使用工具、製造工具這種基本的（當然這只是基本的而不是全部的）人類實踐活動（這種活動隨著時代的進展而日益擴大範圍和內容）對塑造和形成人的整個心理結構和過程，例如對「自覺注意」和「想像」的形成起了決定性的作用。使用工具和製造工具是人的實踐活動不同於任何一種動物生活活動的根本分界線所在。[3] 正是工具延長了人類的非自然的肢體，人的雙手作為使用工具的專職器官，與工具一起構成了超生物的肢體，它們的活動是超生物的行為，這種行為才是人的真正超生物存在的基礎。

---

3 儘管某些動物也能使用、製造工具，如黑猩猩，但作為普遍必然性的基本生存活動（不是偶發性或特定範圍條件下的產物），卻為人類所特有。動物的這種活動恰好證明人類具有了產生它的生物學上的前提（潛在可能性），如同動物群體性的「道德」行為是人類倫理道德的生物學潛在前提一樣。但是，洛侖茲等人的社會生物學觀點，我是不同意的。

可見（超生物的）存在先於（超生物的）視聽，此即實踐先於感知。

　　從感知器官說，人的運動器官大概也是最先具有人化性質的器官，隨後才有視、聽等器官的人化。同時也才有言語及其器官的人性內容，也就是說才有語言、思維的出現和發展。所以，不是感覺材料 (sense datum) 或語言結構，而是實踐活動，才應該是認識論的起點。人類一切認識的主體心理結構（從感覺知覺到概念思維等等）都建立在這個極為漫長的人類使用、創造、更新、調節工具的勞動活動之上。多種多樣的自然合規律性的結構、形式，首先是保存、積累在這種實踐活動之中，然後才轉化為語言、符號和文化的信息體系，最終內化、凝聚和積澱為人的心理結構，這才產生了和動物根本不同的人類的認識世界的主體性。從哲學上提出這個問題，在今天，對科學認識論和兒童心理學、教育學都有重要意義。例如，它告訴我們，人類的學習行為不同於動物的學習行為，人類從兒童時代起學習所得到的智力結構不能等同於巴甫洛夫所說的「信號的信號」。這種智力結構是一種符號性的能力，它一方面是實踐操作活動內化的成果，同時其中包含非演繹非歸納的理性直觀能力（這也就是愛因斯坦講的自由創造的能力，我稱之為「自由直觀」）。而信號的信號卻仍然是信號，二者有根本區別。

　　數學是人類特有的認識工具，它的根源是什麼，始終是一個富有哲學意義的謎。康德把數學與他的先驗感性論聯繫起來，並在範疇篇裡先量後質（與黑格爾正相反）加以論述，這是很有道

理的。無論從人類原始認識史說，或者從現代科學認識論說，通過數學對客觀世界的量的抽象和把握，正是鮮明體現主體性特徵的人類認識方法，是把人和動物在認識上根本區別開來的重要標誌之一。《批判哲學的批判——康德述評》曾認為，數學的根源不是分析或歸納，而是人類基本實踐活動即使用工具的原始操作某些因素和形式（如次序、關係、排列）的抽象化（如可逆、恆等、交換等等）。人的實踐操作本身就是創造形式的活動。自然界本身在其自在形式中是一種無形式的物質。正如馬克思所說，「勞動是活的、塑造形象的火；是物的易逝性，物的暫時性，這種易逝性和暫時性表現為這些物通過活的時間而被賦予形式。」[4] 人的理性正是這種內化了的形式建構。在這個形式建構的物質（實踐）和符號（理性）的兩種活動中，都有美學的方面（立美）。而所謂人的智力結構中的「自由直觀」也正是從這裡生發和發展起來的。而數學的建立和發展與人類從基本實踐活動中獲得的美學能力和自由直觀是分不開的。並不脫離感性而又大不同於感性的人的自由直觀，在數學以及其他科學發現發明中起了巨大作用。這是創造心理學所應研究的問題。

　　心理學家皮阿惹說出了部分真理，他強調了「內化」問題，反對邏輯實證論把邏輯當作分析，也反對確謨斯基把邏輯歸納為所謂深層理性結構。皮阿惹指出，邏輯與數學來源於某些實踐操作。但他沒有從人類實踐這樣一種歷史總體角度來考察問題，沒

4　《馬克思恩格斯全集》第 46 卷上，第 331 頁。

有把使用工具這一極為重要的因素放置和估計到原始操作活動中去，沒有把心理學和人類學（即社會歷史總體）結合起來，提到人性──主體性的哲學高度。

那麼，這是否又回到《唯物論史》作者郎格的陳舊生理學觀點呢？不是。這是要求在社會歷史總體的人類學基礎上來建立認識論，來解釋生理──心理結構，而不是相反。二十世紀的認識論幾乎為反心理主義所獨占，例如上世紀新康德主義的馬堡學派，本世紀的胡塞爾（歐陸）、語言哲學（英美）等等，與它們相對應的是二十世紀極為發達的物理學、控制論、電子計算機等科技部類。但下一世紀呢？從遺傳密碼、大腦結構到人體特異功能（如中國的氣功），是否正在開闢另一個無比燦爛的科技前景呢？今天的哲學認識論為什麼不為通向未來而高瞻遠矚鳴鑼開道呢？為什麼不可以反「反心理主義」呢？

2.總之，不能把實踐等同於五官感知或語言活動，也不能把實踐看作是幾乎包羅萬有甚至文化批判也在內的主觀活動，應還它以具體的客觀歷史的規定性，揭示它的主要內核，這才是真正的實踐觀點。我之所以不嫌重複再三強調使用和製造工具，原因即在此。現在講馬克思主義實踐論的很多，對這點重視都不夠。但從馬克思早年的《關於費爾巴哈的提綱》到恩格斯晚年的《從猿到人》，恰好貫徹了一條客觀地規定實踐的主線，這一條主線正是馬克思、恩格斯所確立的唯物史觀。歷史唯物史觀是馬克思主義哲學的核心和主題。[5] 唯物史觀就是實踐論。實踐論所表達的主體對客體的能動性，也即是唯物史觀所表達的以生產力、生產

工具為標誌的人對客觀世界的征服和改造，它們是一個東西，把兩者割裂開來的說法和理論都背離了馬克思主義。

　　唯物史觀離開了實踐論，就會變成一般社會學原理，變成某種社會序列的客觀主義的公式敘述。因為脫離了人的主體（包括集體和個體）的能動性的現實物質活動，「社會存在」、「生產方式」便失去了它本有的活生生的活動內容，失去了它的實踐本性，變成某種客觀式的環境存在，人成為消極的、被決定、被支配、被控制者，成為某種既定生產方式和上層建築巨大結構中無足輕重的沙粒或齒輪。這種唯物史觀是宿命論或經濟決定論，第二國際之類的馬克思主義理論就是這樣。另一方面，馬克思主義的實踐論如果離開唯物史觀，也就脫離了歷史具體的人類物質生產的客觀規定性（歸根到底，人類畢竟是靠這種活動才存在和發展的啊）。實踐失去了歷史具體地使用、創造工具和物質生產這一基本方面，便可以走向唯意志論和主觀唯心主義。

　　實踐被理解為一種純主觀力量，便經常變成了意識形態性的文化、心理、道德。「西方馬克思主義」的某些理論，如法蘭克福學派的「批判理論」以及盧卡契早年在《歷史與階級意識》一書提出的實踐觀點就是這樣。[6]「四人幫」時期甚至以前，中國某

---

5 對人類總體的偉大歷史感構成了黑格爾的辯證法的靈魂，黑格爾的「精神」的邏輯運動，只是人類史發展的唯心主義的倒映，所以把黑格爾的唯心主義辯證法顛倒過來的結果，正是以人類歷史發展為中心課題的唯物史觀。

6 所以本文也不同意南斯拉夫實踐派的觀點。

種誇大主觀能動性的實踐論也具有相似的地方。「離開這種歷史規律來空談人的實踐，實際會把這種所謂實踐建立在非歷史的心理需求上，不是經濟（生產方式）而是心理（主觀需求）成了歷史的動力」。[7] 我所強調的人性主體性，恰好不是這種唯意志論，而是建立在客觀歷史規律基礎上的。它不同於動物性，也不同於一般的社會性，而是沉積在感性中的理性，它才是真正具有活力的人性。

　　我以為只有在這個基礎上來講「人性」，才能與其他的人性論、人道主義區別開來，才是我叫它為人類學本體論的實踐哲學，也就是主體性[8]的實踐哲學。從哲學史的角度看，這種哲學可追溯到康德，他用唯心論的方式提出了作為主體性的課題。

（三）

　　1.康德在某些方面比黑格爾高明，他看到了認識論不能等同也不能窮盡哲學。黑格爾把整個哲學等同於認識論或理念的自我

---

7 參看《批判哲學的批判——康德述評》第9章。

8 人類學本體論與主體性二詞在本文中基本通用，但前者更著眼於包括物質實體在內的主體全面力量和結構，後者更側重於主體的知、情、意的心理結構方面。二者的共同點在強調人類的超生物種族的存在、力量和結構。這也就是本書第2章講的人類主體性的兩個方面。

意識的歷史行程，這實際上是一種泛邏輯主義或唯智主義。這種
唯智主義在現代受到了嚴重的挑戰，例如像存在主義即使沒有提
出什麼重大認識論問題，卻仍無害其為哲學。人為什麼活著？人
生的價值和意義？存在的內容、深度和豐富性？生存、死亡、煩
悶、孤獨、恐懼等等，並不一定是認識論問題，卻是深刻的哲學
問題。它們具有的現實性比認識論在特定條件下更為深刻，它們
更直接地接觸了人的現實存在。人在這些問題面前更深切地感受
到自己的存在及其意義和價值。把一切予以邏輯化、認識論化，
像黑格爾那樣，個體的存在的深刻的現實性經常被忽視或抹掉了。
人成了認識的歷史行程或邏輯機器中無足道的被動一環，人的存
在及其創造歷史的主體性質被掩蓋和閹割掉了。

　　黑格爾這種泛邏輯主義和唯智主義在今天的馬克思主義哲學
中留下了它的印痕和不良影響。它忽視了人的現實存在，忽視了
倫理學的問題。在黑格爾那裡，倫理學是沒有地位的，不過是他
的認識論和邏輯學的一個環節罷了，因此個體存在的主體性就丟
失了。列寧在《哲學筆記》中說，「實踐高於（理論的）認識，因
為實踐不僅有普遍的優點，並且有直接現實性的優點」。實踐就其
人類的普遍性來說，它轉化為人類的邏輯、認識結構；另一方面，
實踐總是個體的，是由個體的實踐所組成、所實現、所承擔的。
個體實踐的這種現實性也就是個體存在，它的行為、情感、意志
和願望的具體性、現實性。這種現實性是早於和優於認識的普遍
性的。在這裡，存在主義說存在先於本質，康德說本體高於現象，
都具有某種合理的意義。人的本質不應脫離人的存在，成為某種

外在的主宰勢力。所以，哲學可以包括認識論，也就是說包括科學方法論，像現在西方的科學哲學、分析哲學，我們講的自然辯證法、辯證唯物論都屬於這一範圍，它們曾經構成哲學的一個重要方面。但哲學又並不完全等同於它們。哲學還應包含倫理學和美學。

　　2.康德在倫理學方面也突出了主體性問題。它遠遠超過了法國膚淺的功利主義。可以舉一個例子。假設一個偉大的科學家，或者說，就是愛因斯坦吧，為了救一個老人而犧牲了自己，並且正是他要寫完相對論的時候，某家失火，他去救火，救出了一個殘廢的、碌碌無為的老人而獻出了自己的生命。這符合不符合道德？用一個可以對人類作出巨大貢獻的人的生命，換取一個無貢獻甚至有害於人類的人的生命，用功利主義的觀點看，是不必要這樣做的，這種犧牲是無價值的，不道德的。而在康德的倫理學看來，就必須這樣做，這樣做好像是某種「絕對命令」。正是在這種「絕對命令」中，才顯出道德的尊嚴和它的無與匹敵的力量。當然，這個例子也仍有一定的抽象性，在現實生活中，是從歷史具體的時代、社會、階級、民族、集團的利益、要求和實際情況來作出倫理學的道德決定和自覺選擇，常常不是僅依據抽象的形式原則或並不存在的先驗普遍性。但這裡主要涉及的是具有普遍性意義的心理結構形式、理性能力的教育、塑造和繼承性問題。

　　康德的解釋是唯心主義的。但如果從人類學本體論的實踐哲學看，它的價值和意義在於：這是對個體實踐要求樹立主體性的意志，這是要求個體應有擔負全人類的存在和發展的義務和責任感。這樣一種責任感和道德行為作為人類主體的意志結構（心理

形式），表面看來似乎超越任何時代、社會、民族的具體功利之上，好像是先驗的能力，其實卻仍然是歷史的成果、社會的產物。即使是心理形式、意志結構的繼承性也如此。這種意志結構是人類理性的凝聚。它使個人和人類一致起來，因之也就好像具有超乎任何集體或個體的因果規律或功利效應，並從而具有無比崇高的性質而激動人心，由此而產生的道德感情才是「敬畏」：只有人類才有的自覺的理性感情。這樣一種倫理行為和理性感情便與基於本能的動物犧牲個體、保護群體根本區別開來了。中國古話說，「太上立德」，[9] 個體存在的這種一次性，在這裡顯示出它的無比光輝。而這卻只有通過人的自覺有意識的理性建構才存在。這屬於建立人的主體性的範圍。這是在人的實踐、行為、活動、情感、願欲等感性中的理性凝聚（如同在認識論的感性直觀中有理性內化一樣），這才是真正的自由意志（與認識論中的自由直覺相對應）。

所以，看來似乎是某種純形式的原則，康德的倫理學卻比功利主義的倫理學更深入地接觸到道德的本質，接觸到人類主體性行為的核心和通由道德教育以建立意志結構的重要性。哲學所以不僅是認識論或科學方法論，還應包含主體的理想、意向和責任感，通過倫理學所建立起來的人的自由意志的主體性，這一點更明白了。

---

9 「太上有立德，其次有立功，其次有立言。雖久不廢，此之謂不朽」（《左傳·襄公 24 年》）。德與功本應統一，但可以有分裂和矛盾。

　　這樣，以前糾纏不清的所謂「道德繼承性」問題也好理解。道德繼承性不會是具體內容的繼承，內容隨時代、社會、民族、階級具有極大差異甚至對抗。但也不只是語言外形式的繼承，不只是借用或沿襲道德的名詞和概念。實際上繼承的應是這種人類心理結構（理性凝聚）的內形式。儘管內容可以是歷史具體地決定於社會、時代、民族、階級，但正是這種形式原則卻構成不斷發展、累積的人類的倫理學本體。

　　3.《批判哲學的批判──康德述評》曾提出「大我」（人類集體）[10]與「小我」（個體自我）問題，認為具有血肉之軀的個體的「我」，歷史具體地制約於特定的社會條件和環境，包括這個個體的物質需要和自然欲求都有特定的社會歷史的內容。看來是個體具體的人的需要、情欲、「存在」，恰好是抽象的，不存在的，而看來似乎是抽象的社會生產方式、生產關係卻恰好是具體的歷史現實的、真實存在的。永恆不變的共性也許只是動物性，不同的生存、婚姻、美味、愛情都具體地制約和被決定於社會環境和歷史。康德、黑格爾早就指出，單獨的個體是動物性，客觀性、理性都來自群體社會。應該說作為動物，人的個體存在的價值、意義、獨特性、豐富性並不存在，所有這些恰恰是人類歷史的財富和產物。因此，哲學──倫理學所講的個體主體性不是那種動物性的個體，而剛好是作為社會群體的存在一員的個體。包括他的各種心理建構也如此。普遍的心理形式也仍然來自人類歷史的總體。

---

10 可參考盧卡契「集體的主體」、「超個體的主體」等提法。

　　個體與群體、小我與大我到目前為止具有某種有時甚至是嚴重的矛盾和衝突，這需要作具體的分析。概括說來，個體的小我大量被湮沒在整體的大我中等等現象，是迄今為止的人類史所經歷的過程。所以一方面，如果把馬克思主義等同和歸結為人道主義、個性主義，便是膚淺的；另一方面，如果把唯物史觀當作一成不變的庸俗決定論或結構主義（反人道主義），也是謬誤的。東西方目前有關的一些討論有其具體歷史的合理內容：在東方是反對封建官僚，在西方是對資本社會中各種異化的抗議，它們都要求人從「物」的奴役壓迫和束縛下解放出來，要求人掌握自己的命運，成為自己實踐活動的真正主宰，因此都提出了人的存在價值和意義問題。馬克思主義倫理學不能也不應迴避或貶斥這些問題，相反應該研究這些問題，應該看到個體存在的巨大意義和價值將隨著時代的發展而愈益突出和重要，個體作為血肉之軀的存在，隨著社會物質文明的進展，在精神上將愈來愈突出地感到自己存在的獨特性和無可重複性。

　　重視個體實踐，從宏觀歷史角度說也就是重視歷史發展中的偶然。從黑格爾到馬克思主義，有一種對歷史必然性的不恰當的、近乎宿命的強調，忽視了個體、自我的自由選擇並隨之而來的各種偶然性的巨大歷史現實和後果。我一方面反對非決定論觀點，因為，無論如何，從原始社會到今天，從農業小生產到工業大生產，生活在進化，物質文明在成長，其中確有不以個人意志為轉移的歷史法則，否認這點是不符合事實的。但是，另一方面也要看到人類中任何個體自我的實踐都是在主動地創造歷史，其中充

滿大量的偶然因素。注意研究這些偶然因素，才能更深刻地理解強調作為個體的人的倫理學主體性的意義所在。[11]

（四）

　　康德哲學的第三個方面是關於美學和目的論的。康德在美學上一個重要貢獻，就是他在《判斷力批判》所指出的：把審美愉快和動物性的官能愉快和概念性的理智認識區別開來。所謂官能愉快，是由感官獲得愉快而判斷對象為美。審美愉快作為具有主觀普遍必然性的人類享受成果（感性）不是這種性質，它是先判斷對象為美，而後得到愉快。這就是說審美愉快不是感官被動的感知、接受、反映，也不是理智的抽象邏輯的認識。它是人類主

---

[11] 倫理學主體性的另一個方面是作為個體的存在價值、意義在於人與人的交往關係與和諧共存。人的倫理學本質在於「社會化了的人類」（馬克思：《關於費爾巴哈的提綱》）。被權力、金錢、技術異化了的現代資本主義世界中孤獨的個體，要求回到充滿人情味的倫理關係之中，所謂「人性復歸」並不是回到動物的原始世界。在這方面，保留著氏族傳統的孔子仁學，以親子之愛為輻射軸心的倫理觀念和實踐理性，提供了一份可資借鑒的歷史遺產，這個遺產至今仍部分地保存在十億人口的中華民族的文化心理結構之中。也許，它將來在建立人類的倫理學主體性方面仍然可以發揮或貢獻出自己的某種作用。

體多種心理因素、功能（感知、想像、情感〔包括意向、願欲等
等〕、理解）活動的結果。康德把它叫審美判斷。這種「判斷」的
形式結構是將來應由更成熟的審美心理學來研究和發現的科學課
題。從哲學角度說，這裡重要的是，它相對於客體世界的人化自
然，形成了人化自然的主體。

　　美作為自由的形式，是合規律和合目的性的統一，是外在的
自然的人化或人化的自然。審美作為與這自由形式相對應的心理
結構，是感性與理性的交溶統一，是人類內在的自然的人化或人
化的自然。它是人的主體性的最終成果，是人性最鮮明突出的表
現。在這裡，人類（歷史總體）的東西積澱為個體的，理性的東
西積澱為感性的，社會的東西積澱為自然的。原來是動物性的感
官自然人化了，自然的心理結構和素質化成為人類性的東西。「它
的範圍極為廣泛，……吃飯不只是充飢，而成為美食；兩性不只
是交配，而成為愛情」。[12] 馬克思說：「男女之間的關係是人與人
之間的直接的、自然的、必然的關係。在這種自然的、類的關係
中，人同自然界的關係直接地包含著人與人之間的關係，而人與
人之間的關係直接地就是人同自然界的關係，就是他自己的自然
的規定。因此，這種關係以一種感性的形式、一種顯而易見的事
實，表明屬人的本質在何種程度上對人來說成了自然界，或者，
自然界在何等程度上成了人的屬人的本質。因而，根據這種關係

12《批判哲學的批判——康德述評》，臺灣風雲時代出版公司，1990年版，
　　第439頁。

就可以判斷出人的整個文明程度。」[13]性欲成為愛情，自然的關係成為人的關係，自然感官成為審美的感官，人的情欲成為美的情感。這就是積澱的主體性的最終方面，即人的真正的自由感受。它和認識論的自由直觀、倫理學的自由意志構成主體性的三個主要方面和主要內容。[14]

　　如果說，認識論和倫理學的主體結構還具有某種外在的、片面的、抽象的理性性質；那麼，只有在美學的人化自然中，社會與自然，理性與感性，歷史與現實，人類與個體，才得到真正內在的、具體的、全面的交溶合一。如果說，前二者還是感性中內化的或凝聚的理性，那後者則是積澱了理性的感性；如果說，前二者還只表現在感性的能力、行為、意志中的人與自然的統一，那麼後者則表現在感性的需要、享受和嚮往中的人與自然的統一。這種統一是最高的統一。也是中國古代哲學講的「天人合一」的人生境界。這是能夠替代宗教的審美境界，它是超道德的本體境界。[15]

---

13 馬克思：《一八四四年經濟學—哲學手稿》，第 72 頁。

14 與前面倫理學相聯繫，「天行健，君子以自強不息」的儒家進取精神，以對待人生的審美態度為特徵的莊子哲學，不否棄生命的中國佛學——禪宗和執著於美好理想和不屈情操的屈騷傳統，它們構成了中國美學靈魂。它們對建立起新時代的審美哲學亦應作出自己的貢獻。可參閱拙作有關中國思想史和中國美學的論著。

15 中國哲學的「天人合一」的重要觀念，去掉其農業小生產的被動成分後，是可以為未來哲學提供資料的。

　　美的本質是人的本質最完滿的展現，美的哲學是人的哲學最高級的峰巔；從哲學上說，這是主體性的問題，從科學上說，這是文化心理結構問題。政治經濟學是馬克思當年所著重研究的有關唯物史觀的基本學科。在現代科技高度發展的社會，文化心理問題卻愈來愈迫切而突出，不是經濟上的貧困，而是精神上的貧乏、寂寞、孤獨和無聊，將日益成為未來世界的嚴重課題。馬爾庫塞提出了這方面的大量現象，但他的弗洛依德性欲理論和主張「革命」的社會方案是不能解決問題的。哲學不是實用藥方，馬克思主義不僅是革命的哲學，而更是建設的哲學，建設物質文明和精神文明的哲學。它應該高瞻遠矚，走在前方，除了繼續研究物質文明的問題外，也應該抓緊著手探究和理解文化心理問題，注意使科學與道德、物質文明與精神文化、集體普遍性的制約與個性多方面的潛能……統一融合起來。

　　這可能是唯物史觀的未來發展方向之一。不僅是外部的生產結構，而且是人類內在的心理結構問題，可能日漸成為未來時代的焦點。語言學是二十世紀哲學的中心，教育學——研究人的全面生長和發展、形成和塑造的科學，可能成為未來社會的最主要的中心學科。這就是本文的結論。而這，也許恰好就是馬克思當年期望的自然主義＝人本主義，自然科學和人文科學成為同一科學的偉大理想。

　　　（1980 年稿，原載《論康德黑格爾哲學》，上海人民出版社，1981 年）

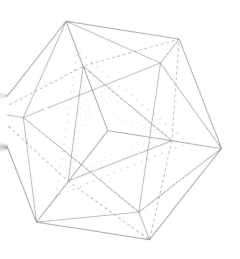

四、關於主體性的補充說明

　　根本沒想到，為紀念康德《純粹理性批判》出版二〇〇週年
而寫、發表在一個相當冷僻地方的拙文〈康德哲學與建立主體性
論綱〉，居然會引起許多反響。這似乎顯示我們民族的青年一代渴
望在哲學人文學科領域有大的建樹和開拓，以回答世界向何處去
的挑戰。但該文只不過是一個初步提出問題的意向論要，這裡也
仍然只是補充提綱。

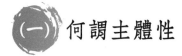 # （一）何謂主體性

　　上篇〈論綱〉首先碰到的疑難和歡迎是關於「主體性」這個
概念的，其中包含有某些誤解，應該澄清一下。如〈論綱〉的小
注中所標明，我用的「主體性實踐哲學」相當於「人類學本體論」
也接近盧卡契晚年提出的「社會存在的本體論」概念，即以作為
主體的人（人類和個體）為探究對象。因之，「主體性」概念包括
有兩個雙重內容和含義。第一個「雙重」是：它具有外在的即工
藝——社會的結構面，和內在的即文化——心理的結構面。第二
個「雙重」是：它具有人類群體（又可區分為不同社會、時代、
民族、階級、階層、集團等等）的性質和個體身心的性質。這四
者相互交錯滲透，不可分割。而且每一方又都是某種複雜的組合
體。從這種複雜的子母結構系統中來看人類和個體的成長，自覺
地了解它們，便是〈論綱〉提出「主體性」概念的原因。

從而，需要簡要明確一下這四層含義的關係。〈論綱〉認為這兩個雙重含義中的第一個方面是基礎的方面。亦即，人類群體的工藝——社會的結構面是根本的、起決定作用的方面。在群體的雙重結構中才能具體把握和了解個體身心的位置、性質、價值和意義。否則將是一個空洞的抽象。文學家塑造的荒島上的魯濱遜也必須以群體歷史的遺產——各種工具和物件來作為自己生存的出發點。人首先需要肉體生命的維持，才能從事於其他事務。從而社會群體的生產實踐是人類的第一個歷史事實。這就是我在〈論綱〉和《批判哲學的批判——康德述評》中之所以再三強調以使用、創造工具來規定「實踐」的原因。可見，〈論綱〉所提出的「主體性」，與讓-保羅・沙特的「主體性」概念有很大的差異。沙特的主體性純指個體，〈論綱〉要講的「主體性」首先是指人類群體；沙特的「主體性」大講精神，〈論綱〉的主體性先講物質的實踐。

儘管〈論綱〉強調這個作為基礎的外在工藝——社會的客觀結構是歷史的原動力，是構成人類主體性的本體現實。它需要由社會學、經濟學、未來學來作出現代科學的仔細研究。但〈論綱〉的主題卻是對人類本體的第二個方面，即提出作為主體性的主觀方面的文化——心理結構問題。之所以突出提出這個課題，不但是因為它本身具有相對獨立的巨大意義，例如在西方社會中，心理——文化危機、精神苦惱不斷趕上有時甚至超過經濟、政治等物質問題的危機，強烈地困擾著人們，而且還因為這一方面是與第一個客觀方面牽制聯繫在一起，而彼此影響著的。所以也才有

建設兩個文明（物質文明與精神文明）的馬克思主義的提法。之所以聯繫康德哲學提出這問題，則是由於正像黑格爾的宏偉歷史感與人類外在客觀歷史進程有關一樣，康德的貢獻主要是在主體性主觀結構方面。馬克思對黑格爾作出了揚棄改造的範例。今天似乎該輪到我們對康德作工作了。

　　作為主體性的主觀方面的文化心理結構，也有著集體的和個體的兩方面或兩層次，〈論綱〉給予這兩方面以同樣的重視。

　　然而，首先又畢竟是作為「大我」──人類群體的文化心理結構問題。在〈論綱〉中，是把它作為人類總體或歷史整體的成果來對待的。與物質生產一樣，我仍然堅持，如果沒有集體的社會意識的活動形態，即如果沒有原始的巫術禮儀活動，沒有群體性的語言和符號活動，也就不可能有區別於動物的人的心理。個體心靈固然有其動物生理的基礎上的差異性，但這種差異性仍然只有通過社會意識的滲入和人類心理結構的形成，才展示出它的豐富性和多樣性的個性特徵。從而，關鍵和困難在於，如何去了解、剖析這種自然性與社會性、生物和歷史、群體與個體、理性與感性……的交融統一，如何認識和對待其中群體的規範和個體的自由。〈論綱〉正是這樣提出「主體性」的課題的。

　　群體規範表現為普遍形式的建立。與物質文明中的物質工具正相對應，在精神生產中，這就是符號工具即語言（包括原始人群的手勢語、發聲語言以及其他各種人為語言、藝術語言）的創造。語言是本世紀西方各派哲學（從邏輯實證論到分析哲學，從現象學到解釋學，從結構主義到科學哲學）的基本「硬核」。語言

被公認是人的「根本」（本質）。維根斯坦的赫赫聲名，基礎也在這裡，他直接抓住了這個根本。

但語言真是人類的根本嗎？唯唯，否否。維根斯坦本人，早就指出有語言不能談論的東西，有拋開梯子才到達的彼岸。它們才應該是「根本」，儘管這個「根本」在維氏看來只能是形而上學的對象。但維氏後期卻強調了語言不能離開人的現實日常生活。可見，現實日常生活高於語言現象，它更是「根本」。維氏把它（現實日常生活）看作「實踐」。維氏認為語言只有在「實踐」中即在日常生活的應用中才獲有其意義。[1] 這就使他大大地高出於卡爾納普和一切分析哲學家。於是有人認為，維根斯坦與馬克思完全一致，都認為社會生活在本質上是實踐的。[2]

事情果真如此嗎？唯唯，否否。日常生活確乎是「實踐」，其中主要包括使用物質工具和符號工具（語言），而且兩者處在不可分離的行為活動的整體中。正如早就有人論證過的，人的活動總離不開人的意識，人的現實物質的生產實踐活動也總是有意識、有目的、有語言參與的活動。於是要這區分兩種「實踐」，兩種「生產」，兩種活動就似乎成了雞生蛋蛋生雞的永無休止的徒勞爭論。其實不然，馬克思所證明的正是，現實物質的生產活動（社

1　薩丕爾－烏爾夫 (Sapir-Whorf) 理論已經強調語言決定文化和思維，維根斯坦和其他一些人則強調語言創造客體、決定感知。例如，中國語言中的有關親屬的名稱不同稱謂，可以影響人們行為模式和親疏關係。

2　參看魯濱斯坦：《馬克思與維根斯坦》，1982 年。

會存在）是原始的，第一性的；運用語言的符號活動（社會意識）
是從屬的，第二性的；[3] 前者才構成「實踐」的真正內核和基礎。

　　我是從人類起源來論證這一問題的。正如並不是雞而是兩棲
類爬蟲先生出蛋來一樣，古猿在使用工具和偶發性製造工具的長
期的「原始勞動」（最早的「實踐」）中產生了意識和語言，然後
才有原始人群有意識有目的有語言參與的使用和製造工具的勞動
活動。從而，「原始勞動——意識、語言——人類勞動」便是這個
從猿到人的全程。物質生產的實踐是根本，是基礎，它歷史地和
邏輯地領先了一步。這種「領先」的實質就在：第一，它把客觀
活動所發現的眾多因果規律等等通由經驗移入、保存、積累在語
言、符號的系統即文化之中。它給語言以語義，形成了世代相傳
的人類知識。第二，它給個體心理以語言的深層結構和能力形式
（甚至大腦生理中的遺傳印痕）。它是主體性的人性結構的根本
動力。

　　這種主體性的人性結構就是「理性的內化」（智力結構），「理
性的凝聚」（意志結構）和「理性的積澱」（審美結構）。它們作為
普遍形式是人類群體超生物族類的確證。它們落實在個體心理上，

---

3 波格丹諾夫：「人們在生存鬥爭中只有藉助於意識才能結合起來，沒有意
　識就沒有交往。 因此所有形形色色的社會生活都是意識——心理的生
　活。……社會性和意識性是不可分離的。社會存在與社會意識按這兩個
　詞的確切含義來說是等同的。」列寧：「人們是作為有意識的生物互相交
　往的，但由此決不能得出結論說，社會存在與社會意識是等同的。」（均
　見《列寧選集》第 2 卷，人民出版社，1972 年版，第 329 頁）

卻是以創造性的心理功能而不斷開拓和豐富自身而成為「自由直觀」（以美啟真）「自由意志」（以美儲善）和自由感受（審美快樂）。普遍心理的結構形式和個體心理的創造功能便是人性主體性所要探究的基本課題，也是〈論綱〉及本文的主題。

以美啟真

　　我高度評論皮阿惹，是因為他是在兒童心理的微觀領域內幾乎重複了馬克思、恩格斯上世紀在人類歷史的宏觀領域中的發現。即並非先驗的內在理性，也非邏輯、語法自身，而是實踐操作活動才是所謂人的智力、理性、思維的基礎和來源。物理經驗知識和邏輯數學知識都應追源到操作活動。近些年國內介紹研究皮阿惹已經風行起來，這裡不必多說了。總之，是實踐操作而不是感知活動或語言活動才是認識論的基礎和起點。[4] 皮阿惹再次證實

---

4 實踐也有感知，為什麼感知覺不是出發點和基礎？好些人搞不清這個基本問題；正如好些人認為先有需要（吃、喝……）才去生產，因而需要比生產應更根本更是出發一樣，這是由於他們沒重視任何需要、感知的具體存在和發展狀況，恰好是被歷史地決定於具體社會實踐和社會生產的條件和水平。例如原始人的感知和需要就不同於現代人的感知和需要。感知或需要的共性只是動物性或並不存在的觀念抽象。具體的感知、需要卻都是被社會實踐所制約和決定的。

了馬克思的哲學觀點。

這裡要指出的倒是皮阿惹的弱點：他只注意了操作結構或形式本身，而沒有充分研究和論證使用工具在實踐操作活動中的地位和作用。皮阿惹強調論證了由理性的內化所構成的智力結構或思維形式（邏輯、數學等等），這種結構形式的超經驗因果的普遍性，包括守恆、可逆、部分之和等於整體等等，確乎是實踐操作本身性能（而不是經驗對象的規律）的內化。但是，為什麼動物的生存活動沒有形成這種內化的理性？動物可以有某種歸納或演繹的經驗行為，[5] 但沒有邏輯、數學和真正有普遍語義的語言。抽掉使用工具便不能說明這個根源問題。因之，皮阿惹從吮奶（人與動物所共有）來開始他的論證，便正是其論點走入生物學化（例如把兒童教育主要看作順應生物的自然發生過程等等）的必然結果。我主張一方面要提倡從人類學角度探究原始勞動經由社會意識（巫術禮儀）而提煉出思維形式（邏輯形式、語言文法、認識規律）的歷史過程，其中包括像「自覺注意」、想像、類比等思維特徵和功能的產生和發展諸問題；另方面要注意從教育學角度探究兒童在使用物質工具和符號工具以建立起思維形式的心理過程，其中包括像不同形體、色彩的物質和符號工具在喚起和培育自覺注意、想像、類比諸功能中的作用和影響諸問題。

儘管兒童由使用物質工具進到使用符號工具之後，儘管人類

---

5 恩格斯：「……歸納、演繹……是我們和動物所共有的」（《馬克思恩格斯選集》第 3 卷，人民出版社，1972 年版，第 545 頁）。

的社會意識取得觀念體系的地位之後，它本身便具有不依附於前者（使用物質工具的活動）的相對獨立發展性質，但它之所以能不斷發展，就人類整體說，卻又仍然在最終意義上有賴於外在的工藝──社會結構方面的物質發展。思維形式、邏輯結構、認識方法的變化，歸根到底建築在工藝──社會結構的發展變化之上。也就是說，工具的豐富化、多樣化、複雜化的歷史進程（工藝的提高、科技的發展）所展示揭露的客觀世界和因果關係的極大增多，使思維形式、邏輯結構和認識方法也不斷細密、精確和豐富。就個體心理說，它日益豐富地提供為普遍思維形式所不能具有的獨特的個體知識 (personal knowledge)，亦即使人擁有理性滲入的感性的自由直觀，從而反過來推動普遍形式本身的發現與發展。即是說，個體使用符號語言之外的感性活動仍然是這種直觀的重要基礎。

正因為重視使用物質工具的活動，確立它在整個實踐中的基礎地位，這就極大維護了感性在認識中的重要意義。這就使認識論不僅要重視和研究人類的理性內化（普遍性），而且也要重視和研究個體的自由直觀（獨特性）。前者構成一般形式的智力結構，後者便是創造心理。

「自由直觀」（即創造直觀）由於包含理性的積澱，所以包含美的問題。它既不是理性思辨，不是形式推理；它也不是感性經驗，不是單純直感。它幾乎類似康德的「理知直觀」，即理性又直觀，但並非只有上帝才具備。它似乎不可分析，卻又仍然來自生活、實踐。它常常具有某種詩意的朦朧，不可言說的多義，卻擁

有突破現有思維格局和既定經驗的巨大力量。愛因斯坦把它叫做「自由的創造」，它不是邏輯的歸納或演繹，它不是純理性的東西，而總與個體的感性、情感、經驗、歷史以至氣質、天賦有關。這正是機器人所永遠不可能具備的。

它到底是什麼？還不清楚。哲學只是提出問題，希望未來科學來作出回答。這裡所可能說的只是，它可能與美學相關：對客體合規律性與主體合目的性相統一的主體感受可能是開啟對客觀世界的科學發現強有力的途徑，例如對類比、同構、相似等強烈敏感、直觀選擇和自由感受便是與科學的真有關的。自由並非任意，美學和藝術中享有的自由正是科學中可以依靠和借用的鑰匙和拐杖。無怪乎海森堡說，「美是真理的光輝」。彭加勒說，[6]「發明就是選擇。選擇不可避免地由科學上的美感所支配」。而愛因斯坦和好些理論物理學家都是那麼愛好音樂。[7]

這便是主體性在認識論上的兩大方面：理性的內化的普遍智力結構和自由直觀的個體創造能力。

---

6 彭加勒講的「理智美」在實質上正好與感性相關：它把概念、理智變成了感受。

7 托馬士・庫恩：「許多數學家和理論物理學家都酷愛音樂，其中有些人曾經難於決定搞科學還是搞音樂。」（《科學革命的結構》）完全失去感性經驗作為工作刺激力的數學家和理論物理學家在音樂中得到了最大的補償。

（三）以美儲善

如果說，認識論所要探究的智力結構是理性的內化；那麼，倫理學所探究的意志結構便是理性的凝聚。

倫理學領域中始終有倫理相對主義與倫理絕對主義的分歧和爭論。前者強調並無「放之四海而皆準」、「貫通古今而不變」的倫理道德標準。一切道德、倫理、觀念、風習都隨社會、時代、地域而不同或變遷，它們的根源也依存於具體現實的經濟、社會、政治、文化種種條件。殺俘虜，「借人頭」，食老弱……，如此等等，在特定的歷史環境中（如原始部落中）便都是道德的，也沒有人會為此感到心理上的「不安」。從而道德總是與特定人群的功利、幸福、需要相聯繫，這派理論確乎能實證地具體論證和解答了許多現實的道德現象和倫理準則。它的實用性很強。所以也日益流行起來（如各種職業倫理學）它所遵循的是以特殊性為特徵的內容原則。

倫理絕對主義注意的是，在這種種變遷差異之中，卻似乎總有某種未變的共性在，強調倫理學的「應該」(ought to) 不可能從事實 (is) 中推導出來。道德從而被看作是先天的良知良能、先驗的至上命令或不可定義的客觀性質。它之所以具有無比強大和超越現實因果的崇高力量，正於在它有這種使人必須屈從的普遍性

質。從而道德是並不依存或根基於功利、幸福、需要、快樂的。
這派理論確乎更為準確和更為深刻地抓住了道德行為的本質特
徵，把道德自律所帶來的意志因素突出地標示了出來。它所遵循
的是以普遍性為特徵的形式原則。

　　這問題的爭論仍將繼續伸延。從主體性實踐哲學看，它涉及
主體性在意志結構方面的承繼性問題。如果說，通過語法、邏輯、
數學等等思維形式，人類將內化的理性承繼下去，世代相傳，超
越現實的具體因果鏈條而構成主體的智力結構；那麼，通過體育、
德育（道德訓令、倫理規範、歷史故事）等社會制約和鍛鍊形式，
人類便將理性的凝聚培育起來，繼承下去，也超越現實的具體因
果，而成為主體對待世界、處理人生的意志結構。所以道德的繼
承既不是事實、內容的繼承，不同社會、時代、地域、階級確乎
各有不同的道德，它們之間經常對立而衝突。道德繼承也不只是
語言的繼承。語言的戒令如「勿……」之所以能有力量，除了它
標誌外在的社會規範的約束和要求（這只是古典外在儀式的延續）
之外，它的「自律」作用（內心語言）仍然必須通過內在心理的
培育塑造才能實現。所以不能停留在語言的層次上，而要由語言
轉到心理，正如智力結構的情況一樣。

　　可見，對意志心理結構的培育塑造，就主要還不在於去培養
某種服從遵循外在規範的倫理態度或行為模式（雖然這也需要，
但並非真正意義上的道德），而主要在於去培養自我立志去選擇的
能力。道德正在於自己決意如此行動，從而自己負責。作為倫理
道德的核心自由意志正在於，它標誌主動選擇。不是外在的環境、
條件、規範、要求，而是由自己自覺自願地選擇了、決定了自己

的作為，這就是道德。這似乎只是形式原則，但如果聯繫塑造人性的實證研究，這種人類主體性的普遍結構就將不再是先驗命令或抽象原則、空洞形式，而將充滿著社會的（人類）和心理的（個體）的發生學的內容。這對了解人類普遍倫理原則和培育個體意志有重大的意義。

從人類總體的發生學角度說，自律意志原是從「他律」（社會規範）所移入，它表現為對原始巫術禮儀、宗教、法律的外在服從和恪守。在這過程中，社會群體束縛、抑制、克服、控制了個體的各種欲求。放縱個體以違背、破壞、損傷這種規約，就成為惡。與此相對應，作為維護人類整體存在的行為（實踐）就成為超越一切的「善」。「善」之所以擁有如此崇高的絕對權威，它的無條件性和至上地位都來源於此，即來源於維護人類總體的生存和發展。它在現象上呈現為各種倫理相對主義所描述的具體規約和道德律則。

就個體心理說，這種總體對個體的束縛、抑制等等，就包括對個體自然性生存和欲求在內的限定。所以，自然性本身並非惡，屈從於它才是惡，這也就是所謂意志力薄弱或道德淪喪。但重要的是，通由漫長的歷史過程，個體將本是外在束縛的群體規範日漸移入，「積善成德」，成為內在自身的自覺命令，即道德自律。於是「善」就好像純然起源於自身或似乎來自「良知」、「本心」了，而忘記了它最初本是由外在規範所要求的理性的凝聚。正如內化的理性本由外而來，但邏輯、語言似乎成為人的本性一樣；理性的凝聚也是這樣。它們也由外而內，但成為自覺意志之後，就好像出自「本心」，無待乎外了。其特徵是要求凝聚理性以擯除

感性或種種非理性的干擾，從而能自由地主宰自己的行動。但它對個體正如對人類來說一樣，也有一個由外而內的培育過程。

自由意志表現出超越現實因果的主動選擇的特徵。「明知山有虎，偏向虎山行」，「知其不可而為之」，便使將來似乎不是由現在決定，而是倒過來，現在為將來決定。所以，它不表現客觀的因果，而表現為主體的目的。這就使人的倫理行為中最充分地體現了它的不同於自然界的主體性的力量。它不是簡單地服從因果必然性的現象，而是在主體的目的性中顯現出本體的崇高，顯現出主體作為本體的巨大力量和無上地位。是人去征服自然，改造世界，這中間有多少因違反規律性的崇高的犧牲啊，然而人類實踐正是這樣才開拓著自己的宏偉大道的 。 未來並非給定 ，而是創造的。

人不同於機器人，也在於此。行為是由自己選擇，生活是由自己負責，命運是由自己決定，並不是被外在程序所機械地規定好了的。

所以，機械唯物論、弗洛依德以及結構主義的無主體的決定論便經常是反倫理學的、悲觀主義和宿命論的。

但沙特等人的個體絕對自由，則如康德一樣，作為空洞而抽象的純形式，經常失去真正實踐的意義。因為主動選擇和自由意志的意義就正在於：你的選擇和意志將在何種程度和性質上符合於最高的「善」，即符合於人類總體的具體存在和發展。如我在五〇年代所認為「在人類以前，太空無所謂美醜，就正如當時無所謂善惡一樣」。[8] 個體的良知、上帝都不是善的根源。從而這種選

擇和意志就依然受著特定的社會、時代、地域、階級等各種條件
的制約，它們將仍然是具體的。是生是死，是面迎是逃避……，
將由你作出是否符合於趨向這個最高的善的自我選擇。這方面，
倫理相對主義提供的理論是值得參考的。區別在於，我們從主體
性實踐哲學出發，不把這種選擇歸因於外在的他律，而重視自律
的自由、意志的培養，即人類所長久積累起來而移入心理的理性
的凝聚。之所以說「凝聚」，在於指明它是某種集中起來的純理性
能力。因為只有這樣，才可能克制和戰勝那基於生理本能具有強
大衝力的自然感性和具有同樣力量的非理性情緒和觀念。戰勝死
亡的恐懼、情欲的動蕩、生活的苦惱、人生的煩悶、存在的空
虛……，該是多麼不容易。然而就在這裡，顯示出理性凝聚的力
量和人的尊嚴、善的光耀。這卻是被倫理相對主義的庸俗決定論
所忽視了的。但正是它，構成主體性的本體價值。

　　從外在情況看，倫理規範和人的自由隨著時代的變遷、社會
的進步，不斷地擴大和豐滿。古代由家庭到國家便曾有過忠孝的
矛盾；而由國家到社會，由狹窄社會到世界公民，便正是在生活
多樣性的迅速發展、選擇的可能性急劇增多中，使個體的歷史責
任感和自覺存在意識將變得日益深沉和分外嚴肅。

　　所以這遠不只是一個外在的道德規範問題。它的動力既然不
能像神學家那樣歸之於上帝，那就只能靠人性的培養。這種能超
越生死的道德境的培育，既不依賴於「對上帝的供獻」或「與

---

8 《美學論集》，第59頁。

神會通」以獲得靈魂的超升和迷狂的歡樂，那麼就只有在通由與全人類全宇宙相歸屬依存的某種目的感（天人合一）中吸取和儲備力量。「民吾同胞，物吾與焉」，「仁即天心」，在這種似乎是平凡淡泊的「存吾順事，歿吾寧也」中，無適無莫，寧靜致遠；必要時就視死如歸，從容就義，甚至不需要悲歌慷慨，不需要神寵狂歡。中國傳統是通過審美來替代宗教，以建立這種人生最高境界的。正是這個潛在的超道德的審美本體境界，儲備了能跨越生死不計利害的道德實現的可能性，這就叫「以美儲善」。

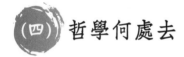

（四）哲學何處去

　　善的領域，理性的凝聚和道德世界的特徵之一，是對感性歡樂的輕視和排斥。然而人總是感性物質的生存物，它總要歸宿到感性中來。聖潔的宗教也終於要以感性形象和象徵來展示自己，這也表明與黑格爾的絕對精神的歷程相反，審美可以在宗教之上。審美的特徵正在於總體與個體的充分交融，即歷史與心理、社會與個人、理性與感性在心理、個體和感性自身中的統一。這不再是理性的一般內化，不再是理性的集中凝聚，而是理性的積澱。它不再是一般壓倒個別，而是沉積著一般的個性潛能的充分培育和展現。自由審美可以成為自由直觀（認識）、自由意志（道德）的鎖匙。從而理性的積澱──審美的自由感受便構成人性結

構的頂峰。關於美的議論，過去已經講了不少，這裡不再複述。總之，在主體性系統中，不是倫理，而是審美，成了歸宿所在：這便是天（自然）人合一。而這個最終的「天人合一」卻又是建立在物質現實的自然人化（改造內外世界）的基礎之上的。不是個體的精神而是工藝科技的物質工具的力量，才是人類和個體發展的基礎，是人類社會結構和個體心理結構的存在和發展的基礎。所以主體性實踐哲學仍然屬於唯物史觀的範圍：既必須具有冷靜的對社會發展的客觀歷史的科學分析，又同時具有主動創造歷史的倫理主張；既包括對過去的回顧和總結，也包含對未來的追求和渴望。而它對人的（人類的和個體的）命運的探索正由於包括對主體性建構的了解在內：外的（工藝社會的）建構與內的（文化心理的）建構。後者的重要性將日益突出，所以我強調說，教育學（人的全面培養）將成為下個世紀的核心學科。

　　如果說，對人類宏觀歷史的把握在十九世紀成為哲學的真正背景，出現了像黑格爾、馬克思、法國社會學派、英國人類文化學派等大師或思潮，與此相應的是社會革命和民族獨立浪潮開始興起的話；如果說在二十世紀，西方哲學為語言學所統治，以維根斯坦為標誌，人們力求從語言來探求人或人的本質，與此相應的是邏輯——信息論、科技工藝的發展的話；那麼，下個世紀與生理學遺傳工程等充分發展相適應，教育學、心理學將繼歷史學和語言學走上哲學的祭壇。無論是維根斯坦或是解釋學（加達默爾），今天都已經從語言走向生活、實踐，正預示著這一點。所以，不是如哈貝瑪斯把教育作為推行政治改良的途徑，也不是如

馬爾庫塞把審美作為政治革命失敗後的避難所，中國的馬克思主義將在論證兩個文明建設中把美——教育學即探究人的全面成長、個性潛能的全面發揮作為中心之一。這裡，不是必然、總體來主宰、控制或排斥偶然個體，而是偶然、個體去主動尋找、建立、確定必然、總體。這樣，偶然和個體就避免了荒謬和焦慮，在對超越的追求中，獲得了歷史性，正是這歷史賦予偶然和個體以意義和結構（亦即總體和必然）。可見，心理諸結構作為人類學本體，是在社會基礎上，個體感情中的歷史超越，所以它才不是經驗的因果而成為超感性的自由。

因之，目前資本主義世界中的科學哲學、分析哲學、結構主義等等可說是無視主體性本體的冷哲學（方法哲學、知性哲學），而沙特的存在主義、法蘭克福學派等則可說是盲目誇張個體主體性的熱哲學（造反哲學、情緒哲學），它們都應為主體性實踐哲學所揚棄掉。現代思潮中的悲觀主義、反歷史主義和反心理主義也將被拋棄。人與自然、社會與個體、情感與理智、歷史與心理、理想與現實的悲劇性的衝突和分裂應該被克服，為弗洛依德所發現的個體生物性的存在和為存在主義所發現的個體精神性的存在的巨大對峙應該消除。回到感性的人，回到美，回到歷史，將與個體的全面成長相並行。哲學並不許諾什麼，但它表達希望。它是科學加詩。上帝死了，人還活著。主體性將為開闢自己的道路不斷前行。

（1983 年稿。原載《中國社會科學院研究生院學報》，1985 年第 1 期，北京）

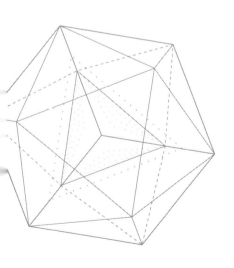

五、關於主體性的第三個提綱

（一）

如人們所見到，哲學不斷從各種具體學科中抽身隱退。即使是在哲學的傳統領域如認識論、倫理學和美學中，也如此。認識論已經或將很快為思維科學、發生認識論、科學方法論等標準科學所替代。倫理學為各種具體的職業倫理學所淹沒。美學分化為審美心理、藝術歷史、科技美學等各種專門學科。

但是，意識形態卻不會終結。具有詩的本性的哲學仍將不斷探詢自己的問題，包括在上述領域內遺留著的哲學層的問題。

這些問題隨時代而遷移。從笛卡兒到康德，也包括培根和黑格爾，近代哲學以處理主客二元的認識論為主題。二十世紀哲學，無論是杜威、胡塞爾、海德格爾、維根斯坦，都又以渾然一體的人生——世界來取代主客二元，以本體來置換認識。

那麼，什麼是這個新的本體？本世紀的哲學回答是語言。「語言是存在的寓所」（海德格爾），「語言是我們的界限」（維根斯坦），「沒有語言之後的實在」（羅蒂 Richard Rorty）……，但這是否仍可以看作是前述認識論主題的變形和延伸呢？關於認識（思維與存在的關係）的思維哲學變而為關於認識的認識（元認識）的語言哲學？當然，不完全可以。至少像後期的維根斯坦、海德格爾等人所討論的「語言」，有遠遠超出認識的東西。

　　因為，誰都知道，語言不能消解哲學的根本興趣——關於人的命運的關懷。保羅・里科 (Paul Recoeur) 認為，「人即語言」，「人是由詞即語言所構造的，這語言是對人說的，而不是人說的。」但人就是語言嗎？語言能區別動物與人，能指示人將走向哪裡（機器？動物？超人？）嗎？

（二）

　　語言是公共的，人卻是個體的。語言是人造就的共性符號，人卻是感性血肉的現實個體。

　　作為感性的現實生存物，人活著。人活著首先是靠吃、靠弄到食物而不是靠交談、靠語言。人必須首先感性地活著，即必須吃飯、睡覺、性交，而後才能有體驗、情緒、意識、認識。一切如何高遠深邃的情感、理解、意向、境界，都最終建築在這個個體感性現實的生存基礎之上。如果不相信上帝，語言也建築在這個基礎之上。實證地說，語言中的語義是由原始人類在覓食因而使用——製造工具的群體生存過程中獲得的。這樣，它才區別於動物的本能性的信息語言。

　　可見，使用——製造工具的實踐、生活，在邏輯上也在時間上先於、高於語言、交談。如果哲學總是「從頭說起」，那麼，這個「頭」應該就在這裡。

　　維根斯坦把語言遊戲看作是生活方式，從日常社會生活中來探究、追詢語言，也表現了有比語言更根本的東西。

　　其實，馬克思主義哲學的要點即在這裡，即把生活、實踐當作比語言更根本的東西，並且以使用——製造工具的實踐，當作社會生活的基礎，把這當作人的本體存在；所以馬克思主義哲學是社會存在的本體論（盧卡契）或人類學本體論亦即主體性實踐哲學。前者過分側重理性、社會、群體，不能提出心理本體問題。

　　可知，這個本體首先是物質的社會力量或社會的物質力量，即人掌握工具、科技進行生產活動的現實。沒有它，整個人類不再生存。一切人類文明、文化無法存在或延續。這就是《批判哲學的批判——康德述評》和前兩個提綱所提出的主體性的客觀方面：人類本體的工藝——社會結構。

　　這個結構的具體形態、歷史過程以及各種生產方式、經濟基礎、上層建築、國家、法律、文化、家庭、意識形態等等，是經濟學、政治學、社會學、文化學等等科學研究的對象，這也就是唯物史觀的科學層面。唯物史觀的哲學層面只在肯定這個本體的領先地位，包括指出它對人類有比語言更為根本之所在。馬克思主義哲學要與其他哲學相較量和區別，即在這裡。這裡還有大量工作需要做。經過馬克思，才可能超越馬克思。

（三）

以先進工具和現代工藝為社會生產力特徵的西方，卻苦惱著它們的非人性統治。大工業生產攜帶而來的各種異化，使人們憎惡和否定這個本體的存在。沙特以個人主義的生來自由反抗異化，哈貝默斯以交往合理化來消除由生產合理化（技術理性）所產生的異化，批判學派以勞動、家庭、性……等日常生活的微觀批判來作為社會變革的主題和動力……，這似乎仍然是上一階段激進的革命意識和意識革命（文化批判、階級自覺）的表現形式。它們仍然只把哲學當作批判的武器，而不是建設的詩情。

其實，消除異化，提出文化——心理結構即人性建設的工作才是更重要的。

人性就是我所講的心理本體，其中又特別是情感本體。對應於主體性的客觀面的工藝——社會結構的本體，它是主體性的主觀面。這在《批判》和上兩個〈提綱〉中都講過了。

十九世紀至今的反心理主義，是以普遍性的先驗邏輯和語言，來取締粗陋幼稚的經驗因果的心理學哲學。但心理本體論並不是經驗科學，也不以經驗的心理科學作基礎。它是哲學，是從本體所理解和把握的作為歷史積澱的感性結構。無寧，落實在感性結構中的人類歷史是它的經驗基地。

　　從而，這個感性結構之所以是本體，正因為它已不是生物性的自然存在，而是對有限經驗的超越。它是人之所以為人的內在依據。

　　這個依據本是歷史的，正如它的對應面——工藝——社會的本體一樣。所以，它是人自己建立起來的。從微觀說，弗洛依德的發現是這轉化的一種預告。從宏觀說，馬克思發現了歷史是在悲劇性的二律背反進程中。這兩者使心理本體積澱了悲劇感的情感音樂，海德格爾則以死的威脅加重了這音樂。這三位提出的恰好是人的三大基本問題：生、性、死。心理本體的人性建構與它們直接相關。

（四）

　　而這個人性建構即我指出的內在自然的人化。如《批判》和兩個提綱所說，它表現為理性的內化（認識結構）、理性的凝聚（意志選擇）和理性的積澱（審美能力）。

　　對它們的具體研究屬於科學領域，把它們當作本體來承認，是哲學的事情。

　　所謂本體即是不能問其存在意義的最後實在，它是對經驗因果的超越。離開了心理的本體是上帝，是神；離開了本體的心理是科學，是機器。所以最後的本體實在其實就在人的感性結構中。

只是這結構是歷史地建構起來，於是偶然性裡產生了必然。

現代科學和人文學科不斷觸及或指向於它。確謨斯基的語言深層結構，列維-斯特勞斯的先驗人腦，容的集體無意識……，都似乎在指示著這個本體的存在或這個存在的本體性。只是它仍在幽暗處所。

（五）

譬如說：科學地探究人性普遍性心理形式如何歷史地建立，例如通過文化人類學對原始巫術禮儀活動的研究，由倫理要求而產生認識規範，來確定「一」（形式邏輯的同一律）「二」（陰陽矛盾的辯證觀念）「三」（建構模型的立體的「度」、實用理性的「中庸」）的思維模式，便將是極有興味的工作。

譬如說：科學地探究只有在多樣化的生活、實踐中才能湧現出的個體性的直觀感受、類比把握和綜合同構，從而出現個體性的自由直觀（即與上述普遍心理形式相對立的創造理性），又是一件極有興味的工作。

譬如說：科學地探究人如何在勞動、實踐中支配、控制自身的自然，如何戰勝疲勞、恐懼、飢餓、性衝動，如何從勞動、實踐中獲得自主 (self-master) 意志即目的性，人不再是自然（包括外在自然與內在自然）決定。從而不再是過去決定現在，而成為

自由意志者，即由將來決定現在，由目的性引導因果性，由選擇替代決定論，總之如何建構自己意志力量的心理形式（「太上立德」、「所學何事」）以區別於動物，這也是極有興味的工作。

於是，是否可以假定：人類群體的使用——製造工具的生產性活動給動物性的人的機體創造了新框架，在這框架裡激烈地改造著人的生物性情欲、意向和各種反射。以後，這種具體的改造內容隨各個個體的死亡而消失了，但這框架本身卻日漸以變化和生長的物態化形態（文化）遺存下來，並通過巫術禮儀的教育傳給下一代。最後終於積澱出像純粹意識和創造直觀（認識論）、意志力量（倫理學）以及超越因果、功利的人生態度（美學）。

（六）

但這一切都不能解決現代人深切感受的個體自身的存在意義問題。

生是偶然獲得的，死卻必然纏人。把死看作像生一樣的一個事實（沙特），很不準確。死是生的必然，是只有一次的我的限定的表現。如何超越它？同樣，生是偶然地被拋擲在這個世界裡，我是荒謬、無聊（有我沒我，差不太多）和無家可歸（我是什麼或什麼是我，難弄清楚）。……這些並不是科學形態的認識論、倫理學、美學的危機，而是感性存在中的本體危機，是感性感受到

自己無法超越這有限存在的危機。通俗地說，亦即是人必然要死從而人生意義、生活價值何在的危機。

語言無法消除這危機，它只嘲笑這危機，因為語言可以抽象地長存，而人卻是要死的。語言可以展示超越的神 (Who speaks)，卻不能挽救感性生存的人。但也正是語言使人吃了禁果，才感受到這危機。如果像莊子倡導的無知無識的豬式生活，倒不會有這危機。但人並不能那樣生活。

工具（使用──製造工具的活動）也無法消除這危機。因為它只能影響造成此危機的客觀諸因素，如創造或消除現代社會的科技異化、勞動異化等等。

於是，只有注意那有相對獨立性能的心理本體自身。

時刻關注這個偶然性的生的每個片刻，使它變成是真正自己的。在自由直觀的認識創造、自由意志的選擇決定和自由享受的審美愉悅中，來參與構建這個本體。這一由無數個體偶然性所奮力追求的，構成了歷史性和必然性。這裡就不是必然主宰偶然，而是偶然建造必然。在社會存在國際化、偶然機遇因素極大增加、命運感愈益加重的現代人生中，在多樣化生存的五光十色的路途中，在自由時間極大豐富、交往大於生產、語言重於勞動、分工帶來的殘缺限制大量減少的生活中，個體自由地參與心理本體的建設便顯得突出和重要。因為交往需要真正的情感，否則，交往也將異化。語言亦然。

這一建設仍然是兩個方面：普遍性的文化心理結構形式的發展變化和個體自身作為本體動力的不斷確認。在這一建設中，個

體屬於生物性的種種，從各種本能衝動到無意識層，通過個體的自由創造而進入本體，心理本體由之而生長得非常強壯。二十世紀文藝已開始表現出這一點了。因之，個體的社會性和自由都不是抽象的，既不是生來就有，也不即是社會關係的總和。作為感性血肉存在物的個體，其外在和內在的社會性和自由是歷史的生成。它是自然的人化和人的自然化。

　　這是活生生的現代人生。人如完全沉浸在普遍性的形式中，將是中性的機器人，與機器人相應的是官僚統治。人如果完全是精神的個體，則人生的確是不可解的荒謬，出生就是謬誤。而人如果只是感性，那人就只是動物而已。

　　所以，重要的是感性的重建（參見《美學四講》）。它是一種由外而內和雙向進展的形式建構 (making form)。這就是心理本體論的目標。

（七）

　　從而，這裡不僅是自然的人化，而且還有人的自然化。

　　自然的人化就內在自然說，是人性的社會建立，人的自然化則是人性的宇宙擴展。前者要求人性具有社會普遍性的形式結構，後者要求人性能「上下與天地同流」。前者將無意識上升為意識，後者將意識逐出成無意識。二者都超出自己的生物族類的有限性。

前者主要表現為集體人類，後者主要表現為個體自身，它的特徵是個體能夠主動地與宇宙——自然的許多功能、規則、結構相同構呼應，以真實的個體感性來把握、混同於宇宙的節律從而物我兩忘、天人合一。

　　例如，從中國的氣功到人體特異功能，也許顯示著另一個隱秩序世界。當它成為下世紀或廿二世紀的科學課題之前，從哲學上予以把握，即屬於人的自然化，即人自身的感性存在與宇宙「玄妙」節律的同構擴展。「與天地參」在這裡有了非常具體的另一種涵義。

（八）

　　這個涵義可能即是審美的最高層次，即所謂天地境界的審美狀態。許多神祕的東西可以在這裡找到出處。

　　這也就是生命力 (living force)。這「生命力」顯然不是生物性的，而正好是超生物性的，但又仍然以生物性個體的現實生存為基地。

　　只是這個體已經是積澱了理性的感性重建，是具有人生境界的人性感情 （自然的人化），而又與宇宙節律相並行的感性同構 （人的自然化）。

　　這才是偉大的生。中國古典傳統的慶生、樂生、「天地之大德

日生」、「生生之謂易」，才有其現代的深刻意義。

（九）

　　這樣，生活即是藝術，無往而非藝術。專門的藝術家和專門製作以供人被動觀賞的藝術品將逐漸消失，……。

　　但是，藝術作品又將成為偉大的見證。在藝術創造和欣賞中，個體心靈超越了時空，在這同樣是不可重複的藝術個性中體認到那個本體。梅隆-龐蒂說：藝術把我們引向了一個意蘊的世界，在此之前，這個意蘊是不存在的。從而，工具理性 (Max Weber) 與非理性情欲 (Sigmund Freud) 的分裂、價值與事實的分裂，將成為過去。 人文學科與自然科學的統一 (Karl Marx) 的中心將是教育學。這是科學。

　　詩的方面則是心理（情感）本體論的哲學。儘管它只是主體性實踐哲學（或人類學本體論）的一個方面，而且在今天它也許是次要的方面。

　　但它是人生的詩、歷史的詩、科學的詩。超越的本體即在此當下的心境中、情愛中、「生命力」中，也即在愛情、故園情、人際溫暖、家的追求中。「人是一種概念，脫離了愛情，這概念極短促。」（Albert Camus：《鼠疫》）它是豐富而多元的，包括愛情單一，也將失去色彩。只有多樣化的生活、實踐，才是把握偶然性、

實現人本身、消除異化、超越死亡、參與建立人類心理本體的真實基地。

這是關於主體性的第三個提綱，但遠遠不是最後的提綱。

（1985 年稿。原載《走向未來》，1987 年第 3 期，北京）

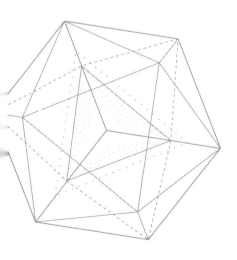

六、主體性第四個提綱

1. 「人活著」是第一個事實。「活著」比「為什麼活著」更根本，因為它是一個既定事實。

（甲）「人活著」首先是指人的動物性機體的生存運轉（從出生到衰亡），其次是指人意識自己在活著。

（乙）選擇死（不活著）總是極少數人；作為族類，人類生存著，所以說「人活著」是第一個事實。

2. 「人活著」是什麼意思。

（甲）是被扔入的，即不是自己選擇被生下來的。活不是人的選擇和決定，它只是一個事實。為什麼不選擇不活，正如人被生下來似乎是神祕的（就科學說，這是生物的種族延續）一樣，生下來就有一種繼續活的要求（就科學說，這是生物本能），存在於人的有意識和無意識之中。

（乙）是活在一個「與他人共存」的「世界」裡，這可能就是 Martin Heidegger 說 to be with others, with in-the-World，這也不是自己（個體的人）所選擇和決定的。

（丙）「與他人共在」即共同活在這個世界中，就是日常生活：everyday life (Wittgenstein) 或 every-day ness (Heidegger)。這也就是 Karl Marx 講的社會存在。「人活著」，過「日常生活」，首先就得吃飯、穿衣等等，即衣食住行。馬克思講過，人生下來不能選擇生產方式。

3. 可見，「人活著」的第一個含義，是人如何在活著，即人如何衣食住行的。

（甲）所謂「第一個」含義是指「如何活著」比「為什麼活」要

優先。也就是說，「活著」比「活的意義」、「非本真」的存在比「本真」的存在要優先。從而，要先把後者懸擱起來看「人活著」——人如何在活著。

（乙）馬克思的唯物史觀正是如此，它說明人如何在活著，在這一點上正確和重要地區別了人與其他動物。這也就是以使用——製造工具為核心和特徵的人的勞動實踐活動所構成的工具——社會本體。是這種活動，而不是語言，更不是內心體驗，才是「人活著」和「如何活」的根本。

其實，Heidegger 也承認使用工具是一個基本事實 (*Being and Time*)，非常重視「非本真」的「沉淪的」現實日常生活。

其實，Ludwig Wittgenstein 也承認 language game 的根基是 our acting，它不是真、假問題 (*On Certainty*)；認為日常生活、生活形式是語言的根基。

4. 那似乎無窮盡的、恆等的、公共化的時間從而也是「第一義」的。它的普遍必然性 (Kant) 實乃客觀社會性（見《批判哲學的批判——康德述評》第三章）由此歷史和歷史性才有一種客觀的和「必然的」意義。

5. 語法（語言）邏輯（思維）也是人「與他人共在」（亦即人類群體生存）在這世界中的需要、規範和律令。它與自然本無關。

所以，先有倫理，後有認識。認識規則（語法、邏輯）是從倫理律令中分化、演變出來的。這一點至為重要。

這才保證了認識有指向未來的能動性格。認識、人生、現實

(reality) 才不是 present at hand，而是 ready to hand。

　　這也才使認識內容（經驗知識）成為權力 (Foucault)。

　　沒有與人無關的知識——權力，正如沒有與人無關的自然一樣。這涉及「自然的人化」。

　　「自然的人化」有雙向進展，即工具——社會世界和心理——文化世界。簡稱之曰：客觀的工具本體和主觀心理本體。

　　「為什麼活」，（活的意義）產生在後一世界中。

　　原來被懸擱的問題在當今凸現，標誌一個新紀元：「人如何活」（人能活下去）大體已經或快要不成問題，所以對它提出強大的質疑。

　　儘管質疑，卻仍要活著，這怎麼辦？

6.於是提出了建構心理本體特別是情感本體。

　　人因依附在、屈從在「人活著」而必需的工具本體和客觀社會性的重壓下，從而尋找被「遺忘」了、「失落」了的「自己」來詢問活的意義，提出 death、care、dread……，但如果具體地脫開了客觀社會性即「與他人共在」的衣食住行的具體生活（工具本體）和積澱下來的心理本體，這些問題實際不能被回答。「真實的存在在於意識到不存在的可能性」(Heidegger)，如果存在完全脫開具體的上述兩個本體，人將是動物性的生存，便沒有「意識到」之類的問題。另方面，儘管生命意義，人生意識完全脫開生命、人生，將是現實的 and/or 語言的詩論，但生命、人生畢竟又不等同於人生意識、生命意義。衣食住行、客觀社會性以及心理積澱等等。並不等於個體那不可重複和走向死亡的有限存在。「人活

著」、「如何活」以及別人的「為什麼活」，都不能決定、主宰或等
同於我的「為什麼活」或我在活著的意義。這就是目前的問題。

7.生命意義、人生意識不是憑空跳出來的。

　　人沒有銳爪強臂利齒巨軀而現實地和歷史地活下來，極不容
易。不容易又奮力「活著」，這本身成為一種意義和意識。這
「活著」是「與他人共在」和活在一個世界裡，這便是「人情味」
（人際關懷）和「家園感」的形上根源。關鍵正在這裡：「為什麼
活」、活的意義，誕生在「如何活」的行程之中。

8.這也就是中國哲學的傳統精神。

　　儒學為主、儒道互補，以「樂」和「生生不已」為人生要義
和宇宙精神。這也就是我的人類學歷史本體論（亦即主體性實踐
哲學。此處「主體性」即人類本體，因無論從本體到認識，均無
與人類無關或完全對峙的客體）。

　　人類學歷史本體論要求兩個烏托邦。外的烏托邦：大同世界
或「共產主義」。內的烏托邦：完整的心理（特別是情感）結構。
可以有一種新的「內聖外王之道」。

　　「活著」沒有烏托邦是今日的迷途。回歸上帝（真主）或尋
找 Being，都是在構建內在烏托邦。

　　朱熹評說佛家，「只見得個大諢論底道理，至於精細節目，則
未必知」（《朱子語類》，中華書局版，第 1029 頁）。這對今日的
Heidegger 等人也適用。這個「精細節目」，就是對心理本體特別
是情感結構的具體探討。

　　這結構有其根源、來由、演變，它即是「人性」，或稱心理積

澱。藝術和藝術史如我的美學所認為，是展示這人性中情感結構
的具體對應物。集過去、現在、未來於一體的「本真的」時間就
保存在、儲蓄在這裡。它雖仍具有公共的積澱性格，但對它的建
構卻可以具有建構上帝同樣的虔誠。

9.因為人畢竟總是個體的。

　　歷史積澱的人性結構（文化心理結構、心理情感本體）對於
個體不應該是種強加和干預，何況「活著」的偶然性（從生下來
的被扔入到人生旅途的遭遇和選擇）和對它的感受，將使個體對
此本體的承受、反抗、參與，大不同於建構工具本體，而具有神
祕性、不確定性、多樣性和挑戰性。生命意義、人生意識和生活
動力既來自積澱的人性，也來自對它的衝擊和折騰，這就是常在
而永恆的苦痛和歡樂本身。

10.所有這些涉及命運。

　　宗教信仰命運，文藝表達命運，哲學思索命運。

　　人性、情感、偶然，是我所企望的哲學的命運主題，它將詩
意地展開於二十一世紀。

　　　　　　　　　　　　　　　　　（1989 年 2 月於北京皂君廟）

七、哲學答問錄

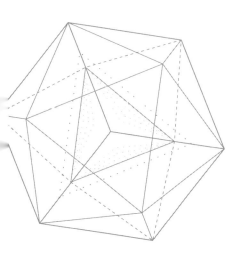

問：你有哪些哲學論著？

答：我的主要哲學論著是《批判哲學的批判——康德述評》（下簡稱《批判》）和幾個主體性論綱，1964 年寫〈人類起源提綱〉也可算一個。此外，《華夏美學》、《美學四講》中也有一部分是講哲學的。

問：你能最簡略地概括一下你的哲學的性質和特徵嗎？

答：不行。很難。

問：希望你勉強做做，給人一個較明瞭的印象或觀念。

答：它可稱作「人類學本體論」。或許可以稱為中國的後馬克思主義或新馬克思主義吧，但這只是一種描述性的說法。

問：這如何解釋？它與馬克思主義是什麼關係？

答：Post-Marxism（後馬克思主義）是指經過馬克思，超越馬克思。我認為，我所追求的哲學保存了馬克思最基本的理論觀念，但捨棄了其他的東西。所以它又叫人類學本體論或主體性實踐哲學。大家都知道，馬克思晚年把注意轉向了人類學，有大量筆記。使我感興趣的是，康德晚年也歸宿在「人是什麼」的問題上。所以，我自認是承續著康德、馬克思晚年的 step（腳步），結合中國本土的傳統，來展望下個世紀。

問：什麼是你所謂的馬克思「最基本的理論觀念」？

答：我指的是由恩格斯所概括的「人首先必須吃、喝、住、穿，然後才能從事政治、科學、藝術、宗教等等」(〈馬克思墓前演說〉)，這看來似乎非常簡單，是眾所周知的常識，但它具有重大的理論價值，並已為現代許多學人所接受，成為公共的學術遺產，[1] 這即是唯物史觀的基本觀念。也就是我所理解的馬克思的實踐哲學。我在十年前出版的《批判哲學的批判——康德述評》(1979) 一書中，反覆強調了馬克思主義哲學是實踐論亦即唯物史觀。今天一些人講的所謂「實踐的唯物主義」，「實踐本體論」等等，似並未越出我當年提出的論點，並且他們至今尚未注意使用——製造工具應作為界定實踐的基本關鍵。

問：現在有些學者說馬克思主義是實踐本體論，否認有離開人的自然存在，你如何看？

答：我的哲學之所以叫人類學本體論或主體性實踐哲學，正是因為我一直不欣賞從恩格斯到普列漢諾夫、列寧而由史達林集大成的所謂辯證唯物主義即自然本體論。馬克思本人沒有對獨立於人的自然作多少討論，他既未肯定，也未否定，這基本上是個舊唯物主義的命題。馬克思感興趣和所發現、論證的是人類的生

1　參考羅素：《自由與組織》，「大體上，我同意馬克思所說，經濟原因乃是歷史上大部分偉大運動的基礎，不僅在政治運動內，而且也在宗教、藝術、道德的各個領域裡」(轉引自何兆武文：《史學理論》，1989 年第 1 期)。

產實踐活動作為社會存在和發展的基礎，具有首要地位（即所謂第一性）。這是一個歷史事實。馬克思強調人的實踐主動改造自然、改變世界，從而自然成為人的自然。這也就是我在哲學和美學論著中所再三講的「自然的人化」。正因為此，我在《批判》一書裡反對把實踐作過分寬泛的甚至無所不包的解釋，如法蘭克福學派把理論研究、文化批判也稱作實踐 (praxis)，[2] 毛澤東的實踐論也有此問題，甚至把人吃梨子也算實踐。我認為這些都離開了馬克思的唯物史觀。現在不是要離開而是要深入發展這一基本觀點，所以我在《批判》一書中反覆強調使用工具製造工具是人類的最基本的實踐，是它們直接維繫人的物質生存的社會存在和現實生活，即吃、喝、穿、住，衣食住行，並以此區別於動物界。

　　至於離開人的自然界以及有關問題，是神學、科學和科學方法論（如科學哲學）的問題，有些還是語言問題。例如，宇宙為什麼存在？時空是無限的還是有限的？我認為是用產生在人類社會生活中的語言、詞彙放在一個非人類社會生活的對象上，正如用尺來秤肉一樣，牛頭不對馬嘴，並無意義可言。

　　問：那你所謂的 post（後），又是什麼意思呢？
　　答：馬克思主義，從馬克思本人開始，包括恩格斯、伯恩斯坦、考次基到列寧、托洛茨基、史達林、毛澤東，到盧卡契，葛

---

2 所以我寧願用恩格斯的 practice，而不用馬克思早年的 praxis 來理解「實踐」一詞。

蘭西和批判理論，基本上都是一種革命的學說、批判的學說，或者發展為暴力革命、武裝鬥爭的戰略策略，或者發展為文化批判、日常生活的批判等等。階級鬥爭也始終是其中的某種基本線索。對於馬克思本人和其他的馬克思主義者很大一部分關於革命的理論、觀念、論證，我是有懷疑的。例如馬克思在上個世紀中葉就提出「全世界無產者聯合起來」進行社會主義革命；其實，按照唯物史觀，當時全世界是走向資本主義時代，而不是走向共產主義，並不需要進行社會主義革命。又如列寧關於帝國主義是資本主義的垂死階段、落後國家可以先搞社會主義革命等理論，也如此。有意思的是，百多年來的歷史證實著馬克思的實踐哲學和唯物史觀的基本觀念非常正確，同時卻又證實著他的一些革命理論和戰略策略非常不正確，而且已付出了慘重的代價。而從邏輯上和理論內部結構上看，這兩者也並無「必然」的聯繫，相反，我認為其中是存在著矛盾的。但是，也要看到，古今中外大概沒有哪一種哲學思潮能像馬克思主義這樣具有鼓動知識分子結合工農百姓進行群眾革命，並影響達百年之久，它具有某種宗教的力量，這又是不能低估或輕視的。

　　至於法蘭克福學派的批判理論，的確對今日資本主義社會作了相當深刻、中肯的揭露和批判，例如強調了諸如異化、科技統治等等問題，無疑具有價值。但是，他們並沒能找到一條除去資本主義這些禍害的出路或辦法。其實，這個世紀許多哲學思潮、流派的共同特點之一，就是對資本主義社會的反抗、抗議，都大講否定、革命、破壞。不僅上帝死了（尼采），而且人也死了（福

柯）。理性是監獄，語言無意義，歷史為虛假，知識乃權力，「本質」不存在，哲學應消亡……，總之，是一股扔棄價值、斥責理性、消解一切的否定性思潮。它們當然同樣沒有指出前景或出路，因為對他們，也無所謂前景或出路。但是，解構了又怎麼辦？摧毀了文明、否定了理性、扔棄了人類，又怎麼辦？這在現實生活中能作到嗎？所以也有人譏評後結構主義說，他們因為不能在現實中造反，便只好轉到語言領域內去造反。但如我在主體性提綱中所說，人首先不是靠語言而是靠麵包才能活。光語言也不能產生麵包，語言不能等同於生活，生活也不能全部歸結為語言。所以，我以為這種造反只是對資本主義社會高度發展和極為快速強大的二十世紀科技理性、工具理性的解毒劑，卻並不是二十一世紀健康的催生藥。說得不客氣一點，它們甚至只是高度發達的資本主義所需要的某種裝飾品、慰安劑。

　　在我看來，就人類總體說，否定、批判、革命並非目的自身。所以我說上帝死了，人還活著，人（人類和個體）還得依靠自己的力量，繼續前行。不是再去重新呼喚上帝（如海德格爾的「在」），不是去企冀「超人」，也不是另造單調的紅色烏托邦，而仍然應該是立足在普普通通平平凡凡的每個個人的基礎上，立足在作為真正現實的人的主體性的基礎上，來決定自己的道路。這道路由於再沒有上帝、再沒有形而上學或樂觀的烏托邦指引、庇護和安慰，而變得格外艱難、苦痛和「失落」，但它又畢竟是在建設，是懷著惴惴不安、憂傷恐懼，去期望、去奮鬥、去追求那心曠神怡、天人合一。

就馬克思主義來說，在《批判》一書和主體性提綱中，我已再三強調馬克思主義應從批判的哲學、革命的學說轉換性地創造為建設的哲學。正因為此，從階級鬥爭到無產階級專政這一大套馬克思主義的理論便與我的哲學無關。所以是「後馬克思」。

問：人們常說哲學是時代精神的體現。現代中國青年醉心於存在主義等等，感到生活厭倦、無聊、荒謬，你的哲學如何處理這些問題？

答：人活著大概有兩大問題，即「如何活」和「為什麼活」。這正是哲學的基本問題。如何活？當然希望在物質上和精神上活得更好一些，於是改造自然、改造社會等等，哲學上有認識論、宇宙論等等。好些哲學和哲學派別包括馬克思主義哲學在內，都是環繞在人「如何活」這個基本問題上作文章，都是為了解決這個問題。

但「如何活」並不能等於也不能解答人「為什麼活」。我在另處說過，很難有什麼「科學的人生觀」，知道了社會發展規律並不就解決了「我為什麼要活著」的問題。各種宗教哲學、倫理學以及存在主義，則比較凸出了這個問題。

作為個體，人的確是很偶然地被生下來，被拋擲[3]在這個世界中，人生本來就無聊。但人又是動物，有戀生之情，不會都去自殺。口說如何厭世、無聊、悲觀的人，又還得活著。「為什麼

---

3 人類的出現也是相當偶然的。

活」便成了更凸出的問題。

　　為什麼活？有各種各樣的思想學說、宗教信念和社會要求來作解答。有人為上帝活，有人為子孫活，有人為民族、國家、他人活，有人為自己的名譽、地位、利益活，有人為金錢活，有人為活而活，有人無所謂為什麼活而活……。所有這些，也都有某種理論來說明、論證。有的遮遮掩掩，有的直截了當。但所有這些都不能真正解決什麼問題。究竟人為什麼活，仍然需要自己去尋找、去發現、去選擇、去決定。存在主義突出了這個問題，每個人只能活一次，「為什麼活」，從而「如何活」，成了哲學首要問題。我認為哲學的主題是命運，正是繼承和包含了這問題。

　　問：這與你所謂的「人類學本體論」有何關係呢？

　　答：凡人皆有死，人類卻久長（至少在今日可知的期限內）。個人和人類本來就不可分割，那種想完全、徹底地超脫人類的個體生活、存在、意義，是虛幻的哲學。而且，任何現實的個體總是在前人所造就的各種物質的、精神的、文化的、生理的諸條件下出生、成長和生活。這是馬克思所強調的一個要點。人類學本體論承續這一要點，企圖進一步解釋人類和個體在物質、精神兩個方面的生存成長，從而讓每個人自己去確認或選擇個體的價值和「意義」，從而去決定自己的命運。

　　我在《批判》一書，主體性提綱以及關於中國思想史論的著作中，在肯定人類總體的前提來強調個體、感性和偶然，這正是希望從強調集體（人類、階級）、理性和必然的黑格爾－史達林式

的「馬克思主義」中解放出來，指出歷史是由人主動創造的，並沒有一切事先都規定好了的「客觀」規律。所以，我所謂「人類總體」不能等同於任何「集體主義」的概念。相反，我以為，任何集體（如階級、國家）對個人都不應成為權威概念和外在壓迫，個人決不能是無足輕重的工具或所謂「歷史狡計」的犧牲品。從這裡，也可以看出，我的哲學線索是康德 ⇄ 馬克思，而不是黑格爾→馬克思。個體、感性和偶然，在今天和今後會愈來愈突出愈重要。

問：為什麼？

答：因為當衣食住行，即吃喝穿住等人的基本物質需要，在世界範圍內日益得到基本解決之後，即全世界達到溫飽小康之後，不但人的精神需要、文化需要愈益突出，而且維繫社會存在和推動社會發展的動力也愈來愈不大取決於或依賴於物質生產和社會必要勞動時間，而將取決和依賴於人的精神生產和自由時間。儘管前者（物質生產）始終是基礎，衣食住行也仍將不斷地發展、改善、擴充，但人類和個體的重心會自覺地放在完善人自身這方面來。所以《批判》一書認為教育學將是未來的中心學科，並指出馬克思的《巴黎手稿》以及《資本論》第 3 卷中，關於共產主義遠景的展望，有此類似的想法。但由於當時所謂革命的需要，馬克思以及後來的馬克思主義者都沒有發展這個方面，但今天和下個世紀卻應是開始發展的時候了。

問：因此，你的哲學叫「後馬克思主義」？

答：對。叫它「新馬克思主義」也可以。它是經過馬克思並保存了馬克思（某些最重要的思想）而達到的。但它提出了新課題，這新課題便是人類除了物質方面的生存、發展之外，還有精神——心理方面。我提出人類學的兩個結構或兩個本體世界即工藝——社會結構（工具本體）和文化——心理結構（心理本體）。前者是馬克思提出的，但沒有在哲學上詳論；後者雖然馬克思也觸及了，但未正式提出。

問：那麼，你的「後馬克思主義」到底算不算馬克思主義呢？

答：這要請你自己去判斷。要我目前說，它當然還是馬克思主義，只是不同於以前的馬克思主義了。正如後工業社會在一定意義上仍然是工業社會，仍然以大工業生產為主體一樣。

問：所以你的哲學命名為人類學本體論，但為什麼又叫主體性實踐哲學呢？

答：我已反覆交代，二者異名而同實。略有差異的是：⑴如《批判》所指明，「前者（人類學本體論）更著眼於包括物質實體在內的主體全面力量和結構，後者更側重於主體的知、情、意的心理結構方面。二者的共同點在於強調人類的超生物族類的存在、力量和結構」（第 429 頁）；⑵除此之外，主體性更能突出個體、感性與偶然。儘管這些都必須以人類總體存在為條件為前提，但如前所說，它們將愈來愈重要愈突出。在一個被解構被徹底破壞、

否定了的語言廢墟上來重建心理本體，恰恰是要奮發個體主體性。我之講「人的自然化」，也以此故。它們不同於物質世界中的主體性，不同於更多體現了人類總體力量的工具本體。

問：到底何謂「工具本體」？

答：本體是最後的實在，一切的根源。人類在生物學上來源於猿猴。而從猿到人，恰恰如恩格斯所說，是由於使用——製造工具。這是我在《批判》中所強調論證的基本觀點。我認為這就是人與物（動物）的分界線所在。有人說某些動物也使用工具甚至製造工具，但這裡有幾點區別應注意：

⑴人類使用——製造工具的活動是其整個生物族類活動結構中新投入的因素，由於這一因素的投入而使整個結構發生了改變。但其前提是，這因素（使用——製造工具）必需在為生物學進程所給定的特殊生物體的結構中發生，即必需有這一特定結構的其他因素配合、交融和相互作用，如相當發達程度的大腦皮層和大腦重量、具有直立行走可能性的四肢和軀體、較發達的發聲言語、某種群居習慣、秩序關係（如等級）和行為模式（如模仿），等等。好些動物儘管可以使用——製造工具，但沒有這個生物學和生理學的結構前提，所以沒有意義，而與從猿到人的過程不同。使用——製造工具的活動因為與這些因素相交織相作用，才使整個原來的活動結構從而生理結構發生了質變，產生了不同於猿的人類。

⑵猿猴在一定條件下（如實驗室中）也可以發生使用——製

造工具的活動，但那是在人為的設定條件下的偶發性活動。人類使用——製造工具以維持生存的實踐活動卻是經歷了極為漫長的歷史，它已不是個別的、少量的、偶發的、次要的活動，而是群體的、大量的、經常性的、占主要地位的活動。這裡有一個量變為質的積累和擴大過程，這過程有千百萬年之久。

(3)這裡非常重要的是：正是使用——製造工具活動的多樣性（含工具的多樣化），才使形成中的人突破了任何生物既定種族本能的局限性、狹窄性和專門性，給人開創了非專門化的無限發展的可能。這才是人的肢體「延長」的最重要的涵義。《批判》強調了這一點。[4]

(4)也正是由於使用——製造工具的新因素的插入，使原有的活動結構及其諸因素發生了質的變換，如直立行走的可能性、偶發性變為現實性、長期性，猿類群體的組織和秩序變為人類社會的存在規範；腦的皮層結構區別於猿，等等，其中，關鍵之一是動物（猿）的語言成為人的語言。

問：你是說，人的語言不同於動物的語言，也是由於使用——製造工具的活動嗎？

答：對。這也正是我想特別強調的。二十世紀的哲學基本上是語言哲學。且不說英美的邏輯實證論和分析哲學，就是歐洲大陸的現象學和存在主義也都走向語言。總之，可說是把人歸結為

---

4 參看《批判》，第 162 頁。

語言，認語言為最後的實在。從伽達瑪到德里達等當代哲學家也無不認為人是語言，語言是人的根本等等。我不同意這看法，相反，我以為更值得重視的是：

(1)人類學家列維-斯特勞斯曾認為，語言是文化──人性（從而區別於動物）的根本，至於語言由何而來，他認為這是大腦科學研究的對象，人類學只把它（語言）作為既定事實承認下來；

(2)哲學家維根斯坦追詢語言的意義和用法於日常現實生活方式之中。這即是說，有比語言更根本的實在，這就是生活（他稱之為 practice，實踐）。

從(1)和(2)，都可以看出，語言仍可以追根。從個體追根，可追到人的大腦先天結構；從群體追根，可追到人的社會生活。可見，語言並非人的根本。人的語言來自人的大腦結構和人的社會生活。可見，人的大腦結構如何可能和人的社會生活如何可能，便應是更根本的問題。語言如何可能是由大腦結構如何可能和社會生活如何可能所決定的。而大腦結構如何可能和社會生活如何可能，也就是我在《批判》中提出的「人類為何可能」的問題。我以為，這個可能是由使用──製造工具的歷史性的長期實踐活動所決定的。所以，依我看，不是語言而是物質工具，不是語言交際而是使用──製造工具的實踐活動，產生和維持了人的生存和生活。它先於、高於語言活動。到底是什麼區分人與獸，是工具還是語言，這大概是我的哲學與現代許多其他哲學相區別的要點之一。而這點又恰恰是承續馬克思、恩格斯而來的。此外，我還以為德里達 (J. Derrida) 提出「寫」（廣義）先於「說」，似乎也

在突破當今語言哲學的藩籬。

　　問：但是，人在使用——製造工具的活動中也離不開語言呀，怎麼能說它高於語言呢？

　　答：在我看來，正是也只有在這活動過程中，才能形成不同於動物語言的人的語言。沒有這個過程，也就沒有人的語言。

　　大家都知道，動物也有言語和語言，它的功能也是傳遞信息，交流經驗，表達情感，等等。人類語言保存和繼承了這些功能，交往始終是人作為群居動物重要的生活方式和生活內容，語言（包括手勢語）是這種交往和生存不可缺少的手段和符號。

　　但自從插入使用——製造工具的活動之後，語言便開始具有了新質；由動物的「語言」變成了人的語言：

　　⑴新的語義：即使用——製造工具的活動以及由這種活動所產生、引起的各種經驗，構成特定的語彙（開始是「句子詞」），使用和保存在語言之中。它們構成了人的語言，因為動物沒有這種使用——製造工具以及由之而來的各種生活經驗。

　　⑵新的語法：人類語言特定的邏輯性能，如概念的相對穩定性，語序、詞類的秩序和分化，等等，也都來自使用——製造工具的活動所要求的穩定秩序。

　　上述⑴、⑵兩方面都通過動作——語言而內化為人所特有的思辨理性（認識）。所有這些我在《批判》一書中都講到了，這裡值得重複強調的是，人類原始語言不管是發聲語言還是手勢語之區別於動物的言語或語言的關鍵，在於它有語法和邏輯，而這語

法和邏輯的根源乃在於它們是使用——製造工具的活動形式和結構規範（如決定這樣作就不是不這樣作），它是最重要的形式結構，也正是人對行為、活動的命令、要求，它是人類最早的「倫理」。所以我強調認識規則和範疇出自倫理規範，這似乎是奇談怪論，其實不然。

⑶新的語用：語言作為交流的信號，它的指令功能在群居族類中具有組織、命令即指示個體如何動作、活動的作用。這個方面凝聚而成為人所特有的實踐理性。

總之，由於工具（使用——製造工具的活動）的插入，語言不再是原來生物族類的先天信號，而成為具有獨特（區別於動物）認識性能與實踐性能的符號。它與使用——製造工具的軀體活動相對應，成為以聲音和手勢來活動的符號系統。以為語言毫無客觀的基礎和對應物，文本就是一切，只是一種反歷史的「意見」。它雖有助於否定，卻無助於建設，所以我更傾向於後期維根斯坦由語言趨向生活、實踐的觀點。維根斯坦哲學的終點正是我的哲學的起點。他指出了真正的本體（社會生活、實踐），我開始對這本體作研究，認為這本體是一歷史性和心理性的結構存在。

問：你是否低估了語言的功能、作用？

答：否！恰好相反，我極端重視語言。我認為，以語言活動為核心的符號系統極為重要。因為儘管工具和使用——製造工具的活動是人的生存狀態（即人的生產——生活方式）的基礎，但它們本身並不能組織和形成不同於動物群體的社會。社會存在需

要通過專門的非物質生產，一種並非使用──製造工具活動的另種活動來形成。這種活動恰好是建築在語言活動（傳遞、交流經驗、組織群體）的基礎之上的。它們便是原始人群最早的巫術──圖騰──禮儀活動。

(1)人的這種最早的巫術──圖騰──禮儀活動可視作由動物的本能遊戲活動而來。它不產生直接的物質生產效果。動物也如此，動物通過遊戲主要是鍛鍊軀體、增進技能、鞏固、溝通群體間的關係和動作。人則由於具有上述功能的語言介入，使這種本能遊戲活動具有了新質。

(2)巫術──圖騰──禮儀必需有語言。這種活動（也用軀體進行）與語言的合作交融，將以使用──製造工具活動為核心的人的生存狀態的各種經驗保存、貯藏、傳遞在這一神聖的活動中。個體的人在此群體活動中，一方面回憶、學習、鞏固各種經驗、技能，另方面不斷認同這個群體，歸屬和服從於這個群體。這即是從外在行為和內在心理兩個方面建立起社會的形式 、 秩序 、 規則。

(3)可見，從表面的直接效用看，這種巫術──圖騰──禮儀活動低於使用──製造工具的物質生產活動，但從深層的間接效用看，它卻高於物質生產活動，因為它不但組織、鞏固後者，而且還支配、主宰後者。物質生產（使用──製造工具的活動）製造從而發現因果性，精神生產（巫術──圖騰──禮儀活動）則保存、記憶因果性，同時給予目的性，具有因果性基礎的目的性使人類變成能與自然並立的主體。這才形成人類社會。至於語言

在當代如何滲透、支配人際交流、關係、生活、生產（使用——製造工具的活動），更是一個極端複雜而又極端重要的問題，哈貝瑪斯對交流方面已作了有益的研究。

⑷主體目的高於客體因果，這一目的性作為群體的意向和意識，對個體具有命令、規範、約束、強制的至上權威。它就是人類社會最早的「上層建築和意識形態」。所以，在這個意義上，便又可說語言高於工具。總之，工具是基礎，語言是主導，構成了超生物族類人的社會存在。

問：照你的說法，人都是社會人了？

答：前面已說過，我不能設想那種與任何社會毫無關係的自然人，如果他的衣食住行、意識情感完全與社會毫無關係，那他就不過是個動物，像多次發現過的「狼孩」那樣：用四肢爬行、吃生的血肉、無人的語言、無理性邏輯……，那不是人。現在有些人喜歡鼓吹非理性的自然人，其實如果徹底一點，就應乾脆鼓吹人類退回到動物世界去。還有人宣揚前文明社會如何好，如何沒有異化。真實情況也並不如此。原始人群、原始社會長久處在一個生活極度困苦、壽命非常短促、生存極為艱難的境地裡。恰恰是由於工具製造的不斷改進、擴充和發明，才使人的生產、生活非常緩慢地日漸改善和進步，人才能活得長一些，吃得飽一點……。全世界各地區的人類都是這樣逐步取得進步而生存的。這有普遍性，並且可以大體劃為①狩獵採集時代；②農業時代；③工業時代；④走向未來的超工業時代。正是這個時代進行曲，

使人日益區別於動物。這也就是人類工具本體的存在和發展史。
可見：

⑴正是以工具為核心標誌的物質生產和生活方式，使人形成
各種不同的生存狀態。

⑵由①到④，人的平均壽命已有很大的延長，人的生活（衣
食住行）有極大的改善，人的交遊（交際、旅遊）在不斷擴展。

⑶個體的人正是這樣由群居動物族類中不變的一員而成為變
化中的社會人。例如，人由血緣人（從氏族成員到家族成員到家
庭成員）到地域人（作為某個國家、民族的臣民或公民）到未來
的「世界公民」。人的社會性，亦即作為個體的人在群體生存中的
存在、地位、作用、價值和性質，在不斷變化和擴展。個體由氏
族、民族、家庭的成員到國家的公民到世界的主人，最後他的存
在和活動可以聯繫著全世界。

⑷就內在狀態說，生產刺激消費，人產生了非動物本能需要
的超生物族類的要求和意欲（如求知欲、旅遊欲……）。同時，更
重要的是，原有的生物本能、需要、欲望日益具有超生物族類的
人的性質（如五味、性愛……）。

⑸從內外兩方面的生存狀態，都可清楚地看到：這就是人的
社會化過程。人類學本體論和唯物史觀的社會科學層面便應該以
這個過程為實證研究的對象。

問：人的社會化不就失去了自身嗎？

答：此之謂異化。我認為，異化從人類社會一開始便產生，

當原始個體參與巫術——圖騰——禮儀活動，由某種超個體的意志、力量、目的、意向來主宰、支配自己的活動、言語、行為、意識時，便開始了異化。不是工具和使用——製造工具的活動，而是由使用語言而來的巫術——圖騰——禮儀活動，成為異化的源頭，它把人的意識和存在、行為和言語組織在一個超個體的結構中。

　　但這異化卻是必要的，無此異化即無此人類（社會）。人只有通過異化才能脫出動物界，如同人只有通過分工才能發展一樣。許多看來是限制、奴役、強制的東西，如權力、工具理性等等，作為異化的某種形式或某個方面，從歷史來看，卻是合理的、必要的、重要的。我多次說，用淺薄的感傷主義和人道主義來觀察、解說歷史，是抓不住要害的。

　　異化作為一個專門問題需要專門的研究，這裡不能細說。總之，如費爾巴哈所揭示的宗教的異化，馬克思所揭示的勞動的異化，麥克斯・韋伯 (Max Weber) 所揭示的官僚體制的異化，以及現代許多人揭示的科技異化、心理異化……等等，都需要社會學、心理學等專門科學作具體的探究。我從哲學立場曾把它們概括為理性的異化和感性的異化（第一個主體性提綱），這主要是從人性內在結構而不是人類外在結構來作的區劃，是從心理本體而不是從工具本體所作的區劃。

　　問：異化就將永遠存在嗎？如何能解除異化呢？
　　答：異化只是一種歷史現象，它將隨著人的自由不斷確立、

擴展、變換而可能逐漸減弱或消退。這依靠人自己去努力。這先
要依靠工具本體的成長發展；但另方面，從哲學上高揚主體性和
偶然性範疇，也正是為明天的自由時代而奮鬥的重要課題。

　　人類作為區別於其他動物類的主體性，隨由工具本體和語言
系統的確立，早已不成問題，目前的關鍵是作為個體的主體性。
馬克思主要講了前一個主體性（類的主體性），後馬克思主要要講
後一個主體性（個體主體性）。

　　個體主體性表現在近現代西方思潮和當代中國的人道主義吶
喊中，它們大都只是對各種異化的抗議和反抗，並無真正堅實的
理論成果。

　　如前所述，異化既有其在人類行進的歷史長河中的無可避免
性、合理性和必然性，從而與這種抗議和反抗便經常構成了二律
背反的歷史悲愴。

　　今天這悲愴便呈現為我稱之為「歷史主義與倫理主義的二律
背反」。[5]

　　惡作為推動歷史前進的槓桿與善作為人類本體的價值，只有
在渡過尖銳矛盾衝突的漫長歷程後，才能逐漸緩和、協調和一致。
這也就是個體的主體性從集體主體性中徹底解放出來，使「每個
人的自由發展是一切人的自由發展條件」（馬克思、恩格斯：《共
產黨宣言》），亦即當倫理主義（當然包括人道主義）等同於歷史
主義的時候，個體主體性也才能真正全面充分地建立起來。也許

---

5 見《中國古代思想史論》。

這太樂觀了，因為這種矛盾衝突很可能長期甚至永久存在下去。

但今天應該為此遠景而展望而奮鬥，否則人生和生活將更為黯淡。如何將人道主義、倫理主義具體地注入歷史，使生產人性化，生活人道化，交往人情化，從而使個體主體性從各種異化下掙脫和發展起來，也許是可以開始著手努力的事情。這可稱之為「社會的人化」，與上面的「人的社會化」恰相對應。

　　問：那麼，偶然性是什麼意思呢？

　　答：個體主體性的凸出，從歷史角度看，就是偶然性的增大。在異化的社會中，似乎總是由整體主宰個體，社會主宰自然，理性主宰感性，「必然」主宰「偶然」。

　　實際上，從宇宙、地球到生命和生物，其存在和變化都充滿了偶然，即機遇。這與個體主體性無關，但可看成某種背景。

　　從人類看，所謂「必然」也只是從千百年的歷史長河看的某種趨勢和走向，如工具的改進、經濟的成長、生活的改善。但對一個人、一代人甚或幾代人來說，卻沒有這種必然，相反，無不充滿著偶然。這偶然以前曾表現為少數統治者和領袖們的隨意性很大地影響了歷史的進程和路途。他們經常以「天命」、「規律」、「必然」名義出現，儘管不能最終決定或改變千百年來的生產、生活的總體趨勢和路向，但常常決定、主宰影響了無數人的命運。這個時代應該結束，現在應該是每個人都參與創造歷史的時代。

　　隨著並促使異化的逐漸減輕或消退，高揚個體主體性便意味著由偶然去組建必然，人類的命運由人自己去決定，去選擇，去

造成。每個人都在參與創造總體的歷史，影響總體的歷史。

　　從個體看更如此。個體的命運愈益由自己而不是由外在的權威、環境、條件、力量、意識……所決定。從而偶然性愈益突出。在時間上，人將愈益占有更多的純粹由自己支配的自由時間，不再終日停留和消耗在某種服務社會的機器裡，這便可以愈益自由地選擇、把握、支配和決定自己的行動和生活。

　　在空間上，作為世界人，活動的空間急劇擴大，人際接觸和交流愈益頻繁多樣，生活狀態愈益多元和豐富，不可控制不可預計的成分也愈益加多，這也使偶然性急劇增大和變得非常重要。

　　從而，人對自己的現實和未來的焦慮、關心、無把握也愈益增大，這就是說命運感加重。求籤卜卦的人會更多，人也會愈益深刻地感到自己被偶然地扔擲在這個世界中，孤獨，荒謬，無可依靠，無所歸宿，於是只有自己去尋找、去確定、去構建自己的命運。人生即在此偶然性的旅途中，自己去製造戲劇高潮。

　　所有這些，都意味著「社會的人化」，即消除外在於人的異己力量（「必然」）的統治。「社會的人化」看來好像是「人的社會化」的否定和破壞，實際上又正是它的延續和發展。

　　問：你剛才講的「人化」顯然好些與現代人的心理狀態有關，這是否已涉及你所謂的「心理本體」了？

　　答：「心理本體」是我提出的哲學題目。而不是指某種經驗的心理，它是指由歷史形成的某種心理形式，它是一種框架。

問：這很有點康德的味道。

答：很可能。這似乎是由馬克思回到康德，其實，是以馬克思為基礎，重新提出康德的問題，然後再向前走。這就是《批判》一書所相當明白講出過的主題，有趣的是，一直沒人注意。

問：那你是康德主義者？

答：不是。康德那些構架、範疇、命令，仍然缺乏足夠的個體性和偶然性（康德畢竟是二〇〇年以前的人）。他那些認知形式、範疇主要是邏輯的，先驗的，理性的；我則強調它們是心理的，歷史的，感性的，即它們是經由歷史所建構的感性中的理性（形式、結構、意義、符號）。從而，它們一方面才可能具有個體性和偶然性，另方面也才可能是對經驗心理因果的超越。

問：這就是你講的「積澱」？

答：對，這是廣義的「積澱」（狹義的「積澱」只用於審美）。「積澱」的要點即在於建立心理形式，這形式也就是人性。所以人性不是自然性（動物），也不是社會性（神或機器），而是「自然的人化」，即動物性生理基礎上的感知等等各種功能的人化。它們仍是感性的、個體的、心理的，具有偶然性於其中。但有歷史來作為理性的根基。這就是心理形式，也即是區別於動物的心理本體。你稱之為人性，也可。C. Geertz 便再三說過，「沒有離開文化的獨立的人性 (human nature)」「沒有文化，便沒有人」（參看他的《文化解釋》一書）。可見，這人性——心理本體是經由文

化，首先就是那以語言為基礎的巫術──圖騰──禮儀活動，即所謂人類的原始文化所構建、所塑造、所形成的。

問：看來，這也就是你所謂的「文化心理結構」了？

答：這個名詞，如同「積澱」一樣，也是我生造出來使用的。國外好像有「心理──文化結構」的詞彙或說法。與我恰好相反，他們是從心理來解釋文化，我則從文化解釋心理，並認為文化無意識地積澱為心理。所以文化結構與心理結構（具體地說，如思維方式、情感狀態、行為模式、審美趣味等等）密切相關。

這種文化──心理結構作為形式，是超越任何個體存在的，但正是它給予遊戲者（個體）以遊戲的規則。這種規則也就是理性，理性就是人所建立的形式。心理結構也是一種被建立的理性形式，但它不同於各種外在理性的特點，在於有動物性的生理基礎，在特定歷史條件下，它常常又要突破、衝出某種與內容緊相聯繫的固定形式，這樣才能鞏固形式，並引起形式的不斷修正、延續和發展，而成為本體。

問：這是否說，你所謂的心理結構、形式，只是某種「動力定型」（借用巴夫洛夫的詞彙）？

答：比喻總是蹩腳的。但在一定意義上，也可以這麼說。但它仍然不是某種具體的心理經驗，更不是巴夫洛夫 (I. Pavlov) 那種高級神經活動的生理學，它指的是一種框架、構架、形式。具體的心理內容（如各種情欲、思想、意念、意志）可以消逝，而

這種心理形式卻長久保存。不過，如果沒有那些不斷消逝的內容，也就不可能形成此形式。這正是積澱的具體路途：即新內容不斷地加深、鞏固而又突破、改變舊有的形式，使人的心理結構、心理本體不斷生長、更新、變化，從而這心理形式也愈益穩固。

積澱論試圖解決人的理性從何而來的問題。不管是認識理論（思辨理性）還是實踐理性都有一個為康德所擱置的來源問題。

問：你認為來自實踐，並且首先是使用——創造工具的實踐？

答：對。其最後的根源在此。這也是《批判》一書所反覆說明的。

問：怎麼講？

答：我不想再重複論證。《批判》一書和四個提綱都講過了。我認為認識論的要點是「理性的內化」，這是說人類以使用——製造工具活動為核心的實踐，發現了由於符合自然律而得以生存的種種因果規律、規則，並將它們內化為人們的心理特點和思維準則。這就是超感性個體的認識論方面的理性共相。

這些心理特點和思維準則，我分為：

(1)感知的人化，如「自覺注意」。順便說一下，這也正是我不同意西方哲學以感知或感知材料 (sense data) 作為認識論起點的原因。因為，在我看來，這些感知或感知材料都已經是人類學的成果。如果以一般的感知或感知材料為起點，則第一，不能區分人的認識與動物的認識；第二，它將是超歷史的抽象，原始人的

感知與現代人的感知顯然不同。

　　康德比經驗論高明正在於他不從感知材料出發（如洛克），而從感知形式出發，但他不能說明這形式從何而來。我所主張的人類學本體論就為了解決這問題。從人類的實踐歷史出發，它高於以個體感知為出發點的現代經驗論。

　　⑵腦的人化，此即形式邏輯和數學觀念的建立。我在《批判》裡論證數學的根源在實踐，[6] 也欣賞和高度評論了皮阿惹發生學的研究和論證，儘管他的某些具體結論有嚴重缺點和謬誤。

　　⑶意識的人化，產生辯證法──即陰陽兩分的矛盾觀念和中庸的「度」觀念。「度」包含選擇、組織解釋諸功能，它也是一種人所建立的模型、結構、理性形式。

　　問：康德講理性的「普遍必然性」，你這套「自然人化」的心理結構有此「普遍必然」嗎？

---

6 參看胡塞爾：《歐洲科學危機和超驗現象學》：「由此我們可以理解，經驗的測量技藝和它的存在經驗──實踐方面的客觀化功能，是如何作為一種自覺地尋求規定『真的』東西，即規定世界的客觀的存有知識，也即『哲學的』知識的努力後果，經過一種從實踐的興趣到理論的興趣的轉化，而被觀念化，並因而成為一種純粹幾何的思想方法的。測量的技藝從而成為徹底普遍的幾何學和它純粹的極限形狀的 『世界』『開路先鋒』。」「理念存有的幾何學走到了實踐的測量技藝之前，後者對理念存有一無所知。然而正是這樣一種前幾何學的成就，是幾何學意義的基礎，是理念化的偉大發明基礎。」（中譯本，第33、59頁）

　　答：我只講理性的「客觀社會性」，我認為它即是「普遍必然」。沒有離開人的「普遍必然」，所謂「普遍必然」都是相對的，它們以人類實踐為中介而出現而產生。所以，它可以超具體的時代和社會，卻不能超總體的歷史、人類和文化。它們也只對人類有效。

　　問：但現在大家都非常推崇非理性，你怎麼看？
　　答：理性是人類存在和發展的基本。記得維根斯坦曾說過，我手的存在，地球的存在，離開房間，桌椅仍存在等等，都是推論。推論當然要靠理性，可見理性之可貴和重要。理性主要是保存、貯藏、鞏固和傳遞經驗，它是一種形式、結構、能力。它所保存的經驗，不是具體有關對象世界的經驗，而是人的操作活動（實踐）與對象世界關係的經驗。所以它才可以超具體時空的文化，卻不能超總體的人類文化。

　　前面講到，理性並非先驗的，它本身也成長變化，它本身也需要某種創造力來推動。這種創造力便來自個體感性的不可規範性。例如，由於期待所不能確定的未來而衝動（非理性），便可以作為對理性的補充，這補充便是突破。它在認識論，具體表現方式便是非邏輯演繹非經驗歸納的自由直觀，即我以前提過的所謂「以美啟真」。

　　理性容易陷入教條主義、科技至上主義等等傾向，在這意義上，非理性因為與人作為個體感性的生物生存有關，它對理性主義的反叛恰好是某種人文的補充。所以我說，非理性主義可以作

為理性主義的解毒劑。但它始終不能和不應成為主流。非理性儘管比理性更根本，更與生命相關，更有生命力，更是人的存在的確認。但由此而否棄理性，否棄工具，那人就回歸動物去了，就不成其為人了。如果毀棄掉一切理性，人類也就完蛋，所以我說，人不是機器（泛理性主義）也不是動物（非理性主義）。

　　問：非理性經常鼓吹衝力、行動、意欲……，這似乎涉及到倫理學領域了。倫理學領域不同於認識論，是否可以不要理性？

　　答：恰好相反。人類最早的理性是實踐理性，認識理性也是在實踐理性的制約和指導下形成。康德曾強調實踐理性高於思辨理性。實踐理性對康德來說是必須服從的絕對命令。它又是道德自律，高於外在的一切他律的規範、要求。但他沒有指出這實踐理性由何而來，為什麼是至高無上的絕對命令。

　　問：你如何解釋？

　　答：我仍然採取人類學的歷史解釋。我認為它是由外而內地建立的，我叫它為「理性的凝聚」。因此，所謂「實踐理性」，主要是指為維持社會群體生存延續所要求、所需要對個體的約束、規範、要求和命令，從原始人的巫術、圖騰、禁忌到中國的所謂「禮」、「法」以及各種宗教教義、倫理法規等等，它們本都是外在的，經過長久時期後，才逐漸成為所謂道德觀念、道德心理，成為內在的「應當」(ought to) 即道德的自律。這也是我在《中國古代思想史論》裡講的由禮歸仁（原始儒學）、由宇宙論到心性論

（宋明理學）的問題。

　　與思辨理性的認識功能不同，這種理性主要表現為理性對感性的控制、支配、管轄、主宰，其特徵常常是在劇烈鬥爭中（如人際之間的爭鬥、殺戮，個體的感性情欲與理性道德的矛盾、衝突）來建立這理性的共相。

　　問：但為什麼它是「絕對命令」，即它為什麼有「普遍必然性」呢？

　　答：具體的巫術、禁忌、禮法、宗教以及各種具體的道德規範、風習要求，都由一定具體的社會、時代所決定，如野蠻人獵人頭，宋明儒禁人欲，這些具體的道德規範、倫理要求，都將隨社會、時代的變化而改變或消失，這現象使學術上產生各種倫理相對主義的理論，即認為倫理道德取決於不同的社會、時代、民族和地域，並無共同的一致準則。康德反對它們，主張倫理絕對主義，即認為有普遍必然放之四海而皆準的倫理原則。但如黑格爾所批評，康德的倫理學是空洞的形式主義。

　　問：你也主張絕對倫理主義，不也是空洞的形式主義麼？

　　答：我和康德有兩點不同。第一，我認為此形式仍然來自人類總體的歷史實踐，其來有自，並非先驗。第二，儘管具體的禮法道德有所變異，但由此而凝聚的道德心理形式——個體對感性的自覺（理性）主宰卻是不斷延續、承繼下來，它是超具體時空、超具體的種族、集團、民族、國家的。它是一種具有普遍有效功

能的客觀社會性的表現，是人類賴以生存、延續的必要條件，它所代表的是由歷史所構造的人類總體利益。所以，它高於任何具體時空內的任何集團或個體的功勞、成果和業績。中國古人說的「太上立德」，反映了這個道理，即對此人類心理形式所奉獻的犧牲高於一切。我在第一個主體性提綱裡，也舉了一個假設愛因斯坦救火犧牲的例子。

這種理性凝聚的道德心理是經驗的歷史超越，它建立在個體的感性心理中，卻超越了它。但它又仍然是人類學的，而非神學的。也不是超人類的在 (Being)。牟宗三講「道德的形上學」，反對「道德底形上學」，即認為道德本身即本體，但未能論證何以它可能是本體。可見，只有放在人類學本體論的基礎上，才能徹底講通。

問：按照你的這種心理本體論，那麼道德感情是在前還是在後？

答：當然在後。這一點與康德完全一致。主張道德感情在先的，或者是功能主義的道德論，即苦樂的經驗論，或者是神學和宗教，即主張由神聖的感情或神啟、天示來萌生道德。這兩者我都不同意。

問：康德的德福統一最終需要一個上帝，你的倫理學需要上帝嗎？上帝不是更能保證道德律令的至上性嗎？

答：我不需要上帝。上帝早死了。上帝的公設不過是把人類

的善的意志和力量抽象出來化為人格而已。費爾巴哈已論證過：這是一種異化。我的人類學心理本體自身即是上帝，它高於一切。這樣也才能解決上帝死了，人如何活；或人也死了，一切價值均虛無，均無可依靠信賴的問題。

　　這裡重要的是作為絕對的人類總體，是包括過去、現在、未來的整體。以任何所謂互主體性 (inter-subjectivity) 或人際交流或「集體主義」作為根本基礎，就走向相對主義。

　　問：那你說的「倫理主義與歷史主義的二律背反」也可以解決？

　　答：那當然只能在尚未見到的未來世界中。那時，歷史主義的外在鐵則，將讓位於和服從於倫理主義的內在要求。

　　問：在你的倫理學中，就沒有自由意志了？

　　答：恰好相反。正因為倫理道德是至上命令，它優越於、超越於具體時空、因果的相對道德、法規，對行為的選擇，便成為個體的自由意志。自由意志是對經驗時空、因果的否定和超越，這正是人作為道德心理本體的實現，優越於任何生物的地方。人即使在外在結構中（人際關係中，社會生活中……）去選擇、尋找和確立意義（例如參與或不參與社會鬥爭等等），也總以自覺意識是在參與建立這個本體為特徵，亦即解決「為什麼活」的問題。這即是個體的自由。但又並非任何一種選擇，例如選擇動物式的生存，都具有同等的價值。價值仍然被決定於這個人類本體特別

是道德心理本體。

問：這種倫理學說既要求客觀性和客觀歸屬感，又不指向上帝（宗教），那它以什麼樣的人生境界作為最高目標和福德統一呢？

答：一般說，道德和道德境界之上的便是與神同一的宗教和宗教神祕境界。在我這裡，不是宗教而是審美，不是與神同在而是與天合一，成為在道德之上的人生最高境界。

問：它的特點何在？

答：宗教或宗教體驗常常是一種純精神性的滿足，在教義上基本是排斥、貶低、否定感性和感性生命的。審美的天人合一則相反，它在「教義」上是慶生、樂生、肯定感性的。它感恩天地，體驗人生，回味生活，留戀世界，以此來建構人類心理的情感本體。這種高於道德或在道德境界之後的審美境界，當然便是忘利害、無是非、超時空、非因果的自由天地。也就是莊子、禪宗所經常描述、提及的境界。這境界不同於神寵的宗教體驗，也不是孔孟仁義的道德境界。

問：你的美學著作和思想史著作對此已講了不少，看來你的美學根本不是談藝術的。

答：也談藝術，不過是把藝術放在哲學的角度上來談。把藝術本體看作是情感本體的物化對應物。這樣也才能定義藝術和確

定藝術的終極價值。藝術作品之所以能超越時空的限制來感染人們，在於依靠也為了建造這個情感本體的延續。動物是無此本體的，所以它們也沒有藝術。

　　問：審美比宗教似乎更消極、被動一些？

　　答：唯唯，否否。表面有此問題，「天人合一」似乎太冷漠、太寧靜、太平和，沒有狂熱、激情、震盪，缺乏生命的衝力。其實不一定。不能以產生在中國古代社會的「天人合一」來概括今天和今後。我所講的「天人合一」，充滿了悲苦、鬥爭、艱難、險阻，它絕對不能歸結為或等同於莊、禪。實際它是在積貯勢能，所以我才提出「以美啟真」、「以美儲善」，貌似靜如處子，出手卻可以成為利刃。它無適無莫，保持意向，卻不專注於某物，從而可以開啟真理，可以成仁取義，並不亞於宗教的慈悲大德、博愛救世。

　　這種心理情感本體是一種最後的實在，是真正的積澱感性。所以藝術才高於科學，而成為不朽的人性見證。

　　問：但藝術不是多種多樣的嗎？

　　答：當然，這只是就我所謂的「悅志悅神」（參看拙作《美學四講》）的最高層藝術作品而言。即使在此高層中，也仍是多元化的：不同的民族、社會、時代有其不同的色彩、音調。物質文明、工具本體基本上是一元的，但精神生產、文化心理結構卻是多元的。德國的「總體」、「超人」，俄羅斯的於苦難中求歡欣，英國的

清晰知性和懷疑精神，美國的實用主義，日本的大和魂，法國的享受人生……，都在藝術上（而不是在科學上），發射出自己的光芒。這才使人類的心理情感本體成為非常豐富、複雜、多樣而充實的心靈。形成基本上是一元化的物質文明和基本上是多元化的精神文化。

　　問：那麼，中國呢？你上面只講了馬克思和後馬克思，但又說你是中國的後馬克思主義，「中國」在這裡是什麼涵義？

　　答：這當然是指繼承中國文化的傳統。其實，你可以看得很清楚，上面已經貫注了中國傳統精神，例如提出心理本體問題。如果說，心理本體的認識論方面融進了一些康德的東西；那麼，倫理學和美學方面顯然有中國傳統的承續。如果是俄國、德國、英美的「後馬克思」，我想肯定不是這個樣子。

　　問：可以具體地說說嗎？

　　答：我已出版有三本中國思想史論以及《華夏美學》，這裡不必重複了。總之，中國哲人肯定生命、感性，把道德放在這個宇宙觀和心性論的基礎上，強調「內聖外王」，重視人本身的修養和完成而不只是物質生活的滿足，提出「參天地贊化育」，由此特殊性的感性個體與普遍性相合一，而不是否棄個體感性，匍匐在神的旨意下來歸依普遍性（亦即審美性的天人合一，而非宗教性的神人合一），等等，對未來世界均有其重大意義。這些當然也概括保存在我的哲學中了，但變了形，不再是宋明理學和現代新儒學

的那一套。我希望做的是轉換性的創造。哲學本就是一種創造。它不但是發現,更多是發明。

問:儒家不但講「內聖」也講「外王」,馬克思主義也有治國平天下即社會政治理論,而你的哲學卻完全沒談這些,如何解釋?

答:我以為這些都屬於現代政治學、經濟學、社會學、法律學這些具體的社會科學範圍,哲學現在不必再強加些什麼東西給它們。儒家的「內聖」,如我在《思想史》裡所論證,是開不出現代的「外王」來的,它只有建構心理本體的遺產意義;馬克思主義的社會、政治理論,社會主義共產主義理論也好,無產階級革命和專政理論也好,它們也都應是具體實證科學研討的對象,不在我所理解的哲學範圍內。何況我還有客觀限制方面的原因,何況馬克思主義哲學也可以有多元化的不同方面不同方向的發展。當然,由工具本體出發,的確還可探究好些問題,但我不打算去搞了。

問:所以你說哲學是科學加詩?

答:這也意味哲學是介於科學和詩中間的東西。不同的哲學有不同的傾斜或偏重。

總之,因為哲學的主題是命運,關懷和研究命運不可能是科學,命運不是規定好的,不是可證偽、可觀察到、或只待人們去發現的客觀法則、規律。當某種哲學等同於科學之日,也是它的結束之時。

　　哲學是抒寫現在、展望未來的詩。因為命運不是宿命,而是人(人類、民族、集團、個體)對自身的意識——反省過去、把握現在、走向將來,它擁有不是理性所能規範、限定的主體意向、願欲和情緒。所以它才包含並指向某種信仰。

　　問:海德格爾 (Martin Heidegger)、羅蒂 (Richard Rorty) 也講哲學是詩,與你有何不同?
　　答:他們是從語言立論,我從人類現實的感性存在立論。

　　問:那哲學就是詩(藝術)了?
　　答:非也。哲學並不只是那難以言說的個體經驗感受,更不是無意識的感情傾洩,而是在嚴格的自我意識支配之下的抽象思辨。它非理性的方面也只能通過理性共相即理性的思辨、論證形式中表達出來。如果說藝術基本上是非理性的;那麼,哲學基本上仍然是理性的(均相對而言)。
　　所以它成了科學加詩。它是詩的一次性、個體性、發明性以及多義、模糊、無目的與科學的真理性、可證偽性、發現性、目的性相交織或交融。

　　問:那麼哲學的功能何在?
　　答:功能不在感染(詩),不在教導(科學),只在啟悟。所以哲學是智慧,這智慧不是知性認識,也不是情感陶冶,而是訴於情理結構整體的某種追求、探詢和了悟。

　　每個普通人都可以有這種哲學的時刻。例如，人常有生活不過是在作夢，還有一個什麼東西在這個夢的背後，夢醒之後將如何，或者一切只是夢，無所謂醒不醒，……這種感受或思想，便涉及了哲學。所以，哲學主要是提供某種對世界和人生的看法、角度、眼界或思路，從而可能給人提供某種生活和心靈的境界。

　　問：你剛才講到夢幻，這也是現代哲學的否定性、虛無性、非理性的來由所自？

　　答：這是一個永恆之謎。莊子早就講過蝴蝶夢我還是我夢蝴蝶的問題。現代哲學的虛無性、否定性則還有這個世紀本身的特色。

　　問：你講哲學研究命運，你的哲學的命運又如何？

　　答：肯定不佳。我所提倡的哲學估計三十年內至少本世紀內不會有前途，沒人來響應，還會被嘲笑為「淺薄的樂觀主義」，等等。我的哲學本身也許是樂觀的，但我對它的命運卻並不樂觀。滔滔者天下皆是也，我卻逆時髦潮流而動，知其不可而為之而已。

　　問：既然你強調對傳統的承繼，你的哲學是否也承繼或保存了這個世紀這種否定性和悲觀主義的特徵呢？

　　答：我想還是保存了的，我承繼和保存了它的嚴峻特徵。正因為此，我才強調哲學的課題是命運，是探詢人「如何活」，「為什麼活」和「活得怎樣」三個問題，我把它們分別放在認識論、

倫理學、美學的傳統領域內，這也許牽強，有體系的建構術痕跡，這似乎也是康德癖好的影響？

問：許多人想問你，為什麼不寫一本體系性的哲學著作？

答：這要看你所謂「體系」是什麼意思。我不以為要去構建一個無所不包的形而上學新理論，那個時代早已過去。所以，從內容講，也正因為我認為哲學是科學加詩，用過於清晰的推論語言和知性思辨的體系著作便無法真正把握哲學的精神，正如用理性來論證上帝的存在（已為康德所駁難）、用理論來解說詩一樣，是既不可能，也沒意義。它們只成為解構的對象。哲學既只是某種對命運的感受和關懷，它只提供某種觀念或角度，而不需要去構建人為的龐大體系。

從形式說，我不大喜歡德國那種沉重作法，寫了三大卷，還只是「導論」。我更欣賞《老子》不過五千言。《論語》篇幅也遠小於《聖經》，但它們的意味、價值、作用並不低，反而可以玩味無窮。我也很欣賞禪宗那些公案，你能說它們沒有「體系」，沒有巨著，就不是哲學嗎？

從這兩方面，我都認為哲學只能是提綱，不必是巨著。

問：你剛才說你的哲學是樂觀的，為什麼？

答：因為我不相信人類在可見的將來會徹底墮落、毀滅、衰亡，人類學本體論正建築在對人類存在和發展的信仰上，不是建築在超人或神或純理性之上。這也是我對人類所創造的工具理性、

科技力量並不否定的原因，我相信人類終究能把握它們，控制它們，正確地運用它們。

問：那你這種信仰是理性還是非理性的呢？

答：兩者都有，是二者的混合，不能歸結為任何一方。正如我認為哲學是科學加詩一樣。

問：如果要再簡略概括一下你上面所談的哲學提綱，如何辦？

答：如果用一個省事的辦法，可畫成下列一張表：

哲　　學	研究命運、人如何活？為什麼活？活得怎樣？
人的社會化	工具、語言、工具本體
社會的人化	主體性、偶然性
自然的人化	積澱、心理本體
人的自然化	新的天人合一、自由

問：「人的自然化」，你還沒有談。

答：我在《華夏美學》講了「人的自然化」的三層內容，無疑最重要的是第三層，即人作為感性個體與宇宙諸節律相呼應相同一。這問題現在還很難談，它包含了許多尚待發現的感性祕密，大概是下兩個世紀的作業了。它涉及玻姆 (D. Bohm) 所謂的「隱秩序」等一系列嶄新的科學問題，如今天的氣功、特異功能等等。這方面的展開無疑會使人在對命運、人生、生活境界的把握和開拓上，在提供眼界、角度和思路上，產生劃時代的改變。這是未

來的課題，它將是理性解構之後的心理重建的重要方面和動力，
也是我的哲學指向。但今天卻只能談到這裡了。

（陳冬蘭記錄整理，1989 年 3 月）

八、答問之二

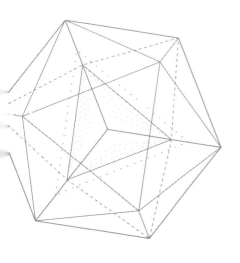

　　高（高健平）：李先生，很高興能在斯德哥爾摩見到您。最近，我讀了您的《我的哲學提綱》，又重讀了您的《批判哲學的批判——康德述評》。這兩本書啟發我思考了不少問題。我想乘這個機會，請您對您的一些哲學概念作進一步的說明和澄清。您在〈哲學答問錄〉中提到，「我一直不欣賞從恩格斯到普列漢諾夫、列寧而由史達林集大成的所謂辯證唯物主義即自然本體論」。我認為您「不欣賞」的原因在於，您對「實踐」在哲學中的地位與他們所理解的不同。在很長的一段時期裡，「實踐」被視為認識論範疇內的概念。「實踐」的作用是為向認識提出問題，提供動力，並進行檢驗。而您的「實踐」則不僅是一個認識論概念，而更重要的是一個本體論概念。這一點是不是繼承了馬克思的思想？

　　李：也許可以這麼說。從恩格斯到普列漢諾夫、列寧，到毛澤東的「實踐論」，講的都是認識論。我所主張的本體論的實踐觀點，主要只講了認識的根源，認識論本身講得並不多。

　　高：您是否認為按照實踐本體的觀點，可以為認識的主觀性找到客觀的基礎？

　　李：對！我過去講人類學本體論，現在我更願意加上「歷史」二字，將之概括為「人類學歷史本體論」。也許名之為「人類學文化本體論」更通俗。我在《批判》一書裡，用「人類如何可能」來回答康德的「認識（先天綜合判斷）如何可能」，就是用本體論來回答和替代認識論。中國傳統也很少談認識論問題。認識論現在主要是個科學問題，即認知科學。而我所提出的「主體性」也

並非認識論概念。

　　高：您既講工具本體，又講情感本體，能否理解為對工具本體須作進一步分析？人的實踐活動似乎可分為兩個開端，一是人的需要，一是人的意志和情感。這兩個開端中哪一個更為根本？

　　李：這可以理解為兩個不同層次的問題。「實踐」主要講製造和使用工具，這是本源。正是由於製造和使用工具，人才成其為人。而情感、意志等等屬於心理學範疇。人的情感最終是由人的實踐所決定的，但又不是直接決定的。這是一個漫長的過程的結果。我在康德研究中，是想要追求人類的知識、道德的本體根源，我認為它不是神，而在人類自身，所以才有個發生學的科學層次。我以前說過，我追求的是看來似乎不可能的事情：即「心理變成本體，歷史構成理性，經驗成為先驗」，也許這也是「知其不可而為之」吧。我對康德的批判，歸結起來還有「一個世界（中國）或兩個世界（基督教和希臘哲學的西方）」的問題。道德高於知識，本體高於現象，在西方根源於兩個世界，在我這裡則是一個世界裡的高下。我以為先有維持人類存在的道德法則形式，而後才有人類的認識法則形式（如語法、邏輯、範疇），後者由前者演化而來，這一點極為重要，但我還沒有展開講。

　　高：您講工具本體，講製造工具和使用工具使動物變成人。那麼，又怎樣看語言在其中所起的作用？按照現代語言學的觀念，沒有離開語言的思想，正是有了語言，人才有可能有清晰的思維。

而恩格斯講的卻是「首先是勞動，然後是語言和勞動一道，使猿的腦髓變成了人的腦髓」。您怎樣看待這種先後關係？

　　李：我認為，人開始製造和使用工具與人的語言的產生之間，重要的不是時間上的先後，而是邏輯上的先後。是有了人的這種特殊的行為活動即勞動，才有人的語言，或者說使語言（動物也有）具有了人的語義，而不是相反。

　　高：關於您的「積澱」說，和由「積澱」而產生的「文化心理結構」的觀點，我想提出一個問題：心理結構是如何傳遞的？是通過遺傳還是通過教育（廣義的教育，包括人在後天所接受的一切影響）。

　　李：是教育不是遺傳，即你所說的廣義的教育。

　　高：我記得您曾經引用容的「積澱」產生「集體無意識」的說法。因而「積澱」很容易被誤解為是通過遺傳物質傳遞的。

　　李：容講的頗神祕，而我所主張的是文化的作用，比較接近於紀爾茲 (C. Geertz) 的看法。「人類學本體論」之所以加上「歷史」或「文化」二字，正是為了區別於一切強調從生物學、生理學來講人類學的哲學。

　　高：當我們說是人的心理結構是由於文化影響，而不是由於遺傳物質傳遞而形成時，我們談論的雖然是科學問題，但卻觸及到了一些重要的哲學問題。能否把您的意思理解為，人是由文化

塑造的。狼孩不具備人的心理，是因為他沒有接受我們所說的廣義的教育。現代人與動物的本質區別能否因此說成是這種廣義的教育，或文化的影響。

李：當然如此。我所說的人與動物的區別在於「製造工具和使用工具」，是從最本源的意義上說的。順便提一句，我早說過我不同意把馬克思所說的「人是一切社會關係的總和」作為人的定義。馬克思並沒有說這是關於「人」的定義。

高　： 我對您的這個提法非常感興趣 。 請您進一步說明您的觀點。

李：我認為，這個定義忽略了人是作為個體、感性的存在。

高：但是馬克思也說，他和費爾巴哈的區別在於他重視感性的活動。

李：費爾巴哈講人是感性的存在，而馬克思強調人的感性的實踐，他是從人的總體來講的。馬克思是重視個體的。但常被人引用的這段話中，忽略了作為生物存在的感性個體。

高　： 這是否可以理解為 ， 人們常常忽視馬克思思想的另外一面？

李：可以這麼說。馬克思並沒有講這是他對「人」的定義，這是後人的誤解。

高：您講「文化心理結構」，重點落在心理上。然而，既然您又說這種結構是以「文化」，以「廣義的教育」為媒介，而非以遺傳基因來實現代與代之間的傳遞的。那麼，對於每個個人來說，都有一個從文化到心理的過程。文化則比心理更為根本。它與其說是一種心理結構，不如說是一種文化結構。這種結構存在於文化之中，不斷地對人的心理產生影響。因此，您的「文化心理結構」能不能說成是「心理文化結構」？

李：不能倒過來，倒過來便變成死東西。我將之說成是心理結構（formation，不譯 structure），正是強調人的個體性。文化對心理產生影響，但人不是一切社會關係的總和。人作為感性的個體，在接受圍繞著他的文化作用的同時，具有主動性。個人是在與這圍繞著他的文化的互動中形成自己的心理的，其中包括非理性的成分和方面。這就是說，心理既有文化模式、社會規格的方面，又有個體獨特經驗和感性衝動的方面，這「結構」並非穩定不變，它恰恰是在動態狀況中。所以我說它是 forming。

高：在我們講人的本質的時候，有兩個概念似乎須加以區別，這就是「起源」和「本質」。黑格爾願意用起源來說明本質，但我們似應意識到這兩者之間的區別。按照您的觀點，由於製造和使用工具的實踐活動，使猿進化成了人。即使這一點是正確的，也僅僅是說明了人起源於「製造工具和使用工具」的活動，但這並不能說明人的「本質」。千千萬萬的現代人之所以不是「狼孩」，是由於語言、文化、教育，這些因素在塑造現代人的「人性」方

面起了決定性的作用。而「製造工具和使用工具」的活動，僅僅由已經受了教育的人中的一部分在從事著。

李：「本質」的含義是不清楚的，可以作多種理解。我所強調的「工具本體」，是說人與動物的根源性的區別。工具本體包括了整個科技、工藝、社會關係、社會結構等等。而即使在日常生活中，人不使用工具就難以生存。現代生活更如此。

高：確實，馬克思主義的理論大廈是建立在這個觀點之上的。回到馬克思的模式上來，我有一些感到難以理解的問題。按照馬克思主義的模式，生產力決定生產關係，經濟基礎決定上層建築。人的思想的一切方面都被納入了這樣一個以經濟為中心的模式之中，那麼，又怎樣理解一些被認為具有非功利性追求的學科和領域，……例如純粹的科學和純文學以及純藝術？

李：這個模式長期以來被庸俗化了。恩格斯說更高更遠地漂浮於其上的意識形態，包括藝術、哲學、宗教等，是想強調其不受經濟影響的一面。而後來人們卻用這段話來說明它們受經濟影響。我在一九五〇年代設想過一個概念──「上層建築相對獨立性的強度」，就是想說明這個問題。例如，不同歷史時期，其「強度」就不一樣。在今天一切都商品化、商業化的「後現代」，其「強度」可能是最弱的了。未來如何？值得研討。

高：您怎樣看待「詩化哲學」這個提法？這種提法是否會助長哲學的非理性傾向？而我認為，目前中國哲學所需要的還是理

性。不是過去的實用理性，而是分析理性。

　　李：人類的文化、文明和人的思想是靠理性來發展的。但是，人的生命本身是非理性的，需要非理性的刺激。它或者叫作理性的解毒劑也好，或者叫作理性的補充也好，或者叫作理性的動力也好，都需要這個東西。哲學不可能是純理性的，也不可能是純非理性的。詩不是理性的，是情感的。哲學恰恰是站在兩者之間的東西。它不能成為純理性的，但它表現的方式卻是思辨的方式。譬如尼采的哲學，或者是禪宗的哲學，都有很多非理性的東西。分析哲學完全理性化，就成為一種技術。理性的定義，即什麼叫理性，也搞得一塌糊塗。有的人把非理性也叫理性，那就沒有什麼理性和非理性之別了。

　　高：我想說的是，照您的觀點，中國古代存在著強烈的實用理性……

　　李：不僅古代，直到現在，仍然存在著強烈的實用理性。這次洛杉磯會議，我仍然提實用理性的問題。這是一種中國傳統精神，不僅是儒家，而且道家也有。

　　高：既然這樣，現在就有兩種傾向，一種是用非理性的東西反對這種實用理性，還有一種是用分析理性來反對這種實用理性。

　　李：一種是以劉曉波為代表的反理性，即情緒衝動，實際上那是動物性的東西，他所講的感性是動物性的本能。分析理性是機器，是機械性的。但從這裡逃出來就成了動物。我恰恰要反對

這兩種傾向。人既不是機器，也不是動物。強調非理性，強調要人還原為個體的、當前的存在，不要人類的歷史，不要什麼意義，認為意義本身就是沒有意義。這就是動物性的存在。另一方面，科學主義、理性主義、分析哲學把人變成機器，像機器的部件、齒輪、螺絲釘，人就是 robot，這也太可怕了。哲學要從這兩個傾向中走出來。

高：是否可採取一種寬容的態度。承認分析哲學是有用的，承認從事這種哲學研究的人是在做一件非常有用的工作？

李：當然！分析哲學是一種技術性的哲學。我多次說過，我認為在中國還應該提倡它。我完全不反對它的應用，正像我們坐火車、坐飛機一樣，將之看作一種工具。工具理性有用處，但是它不是本體，不能把人還原為那種東西。如果把哲學看成就是理性分析，哲學就是分析語言，那樣的話，哲學就沒有了。

高：還有一個很大的問題，是共產主義的問題。在您的〈哲學答問錄〉中，仍然堅持這個觀點。我想知道的是，您所理解的共產主義，是否是生產資料社會所有，按需分配。

李：我好像不會這麼認為。我所講的是對社會的理想、人性的理想的追求。給它起個名字叫「共產主義」也好，叫別的什麼名字也好，這不重要。至於分配和生產所有制，應由經濟學、社會學、政治學去研究。這屬於專門的社會科學理論。哲學不應擔負這個任務。

高：按照我們傳統的理解，共產主義意味著按需分配，取消貨幣等等……

李：這一點，我過去談得少，近幾年談得多一點：即那種烏托邦式的整體社會工程應該放棄，這種烏托邦的社會工程設計總是造成災難。

高：所以您不再強調「共產主義」的「共產」這個意思？

李：不再強調。我僅將之作為一種人類的理想來理解，這實際上是個比較空泛的概念，只是作為一種理想，一種希望，一種追求。而且我現在更強調它是一種關於人性的理想和追求，即我提出的「心理本體」和「新內聖外王之道」。

高：您也不想預見會在什麼時候實現？

李：不。如果那樣的話，就是烏托邦了。我現在堅決反對各種烏托邦社會圖景和規劃。

高：如果這樣的話，這只是一種虛設的人類希望。

李：對！這只是一種帶有情感性的理性的希望。它有非理性的因素，也有理性的因素，是這兩者的混合，是一種「希望的原則」。但決不是 Ernst Bloch 的《希望的原則》。

高：您不打算賦予它社會學、經濟學的內容，而只是哲學的信念。

李：只是一種希望、信念，對人類命運的關注和追求。

高：但這涉及到一個隨之而來的問題。您所說：「倫理主義和歷史主義的二律背反」在這種理想的社會中是否會消除？

李：這也是一個很大的問題，這也只是希望而已，到底能不能消除，也很難說。也許，一切矛盾都沒有了，人生活得就太乏味了。一個完美的世界是很乏味的。

高：但問題是，現在這一切矛盾仍看不到消除的現實條件。

李：不僅現實條件，遠景條件也沒有。所以不必太追求矛盾的消除。看到這個矛盾，能夠理解這個矛盾，把這個矛盾的衝突程度和悲劇性減到最低限度也就可以了，不必想像它會完全消除。我這個說法可能與以前有點變化。以前可能太樂觀了一點。沒有必要去追求那種完美。世界是不完美的。不完美就讓它不完美好了，太完美就沒有什麼意思了。

高：日本學者富山提出「歷史的終結」的觀點。

李：哈哈！我現在提出一個命題：「歷史終結日，教育開始時。」這一點我過去只提及，沒有多談。以前的教育都是為其他的目的服務。中國傳統社會為培育「學而優則仕」的士大夫服務，資本社會為培養工程師、科學家、醫生、律師、會計師等等各種專家服務，而不是為了塑造人性本身服務。歷史終結了，教育倒可以開闢新天地。現在人們對許多東西研究很深，但對人本身，

人的頭腦的生理機制，人的個體潛在能力的研究都是很不夠的。
這些方面還大有可為。包括氣功、特異功能，現在的科學沒法研
究，但是到五十年、一百年以後，可能其中很多就可以研究了。
這是從科學層面說的。從哲學層面說，是怎樣研究去真正樹立人
性，即研究人怎樣才能既不只是機器又不只是動物。也許只有教
育才能解決現代社會所面臨的——人既是機器的附屬品又是純動
物性的存在的狀況。這種分裂的人格，包括其中好些問題，如吸
毒、暴力等，不完全是社會原因造成的（當然大有社會原因），而
是人性中有許多問題。只有研究教育，研究人性，也許才能較好
消解這些問題。這似乎在重提陳舊之極的老問題，但我以為它在
今天和明天有嶄新的意義。

　　高：當您把教育與剛才說的「倫理主義與歷史主義的二律背
反」的解決，「歷史的終結」聯繫起來的時候，是不是等於說，您
也認為這種教育是遙遠的將來的事。

　　李：教育倒不會很遠。有些問題是社會所引起的，有些問題
不是社會所引起的。現代政治的發展，顯示出「英雄時代」過去
了，精英時代也將逐漸過去，社會向均一化發展。像列寧、毛澤
東以及像史達林、希特勒這樣的人物的出現已不太可能。當然在
某些地區特別是不發達地區一定時期內仍可能湧現各種奇理斯瑪
式的人物和現象。但從總的世界歷史說，社會會慢慢地走向民主，
教育問題會慢慢地提出來，不會很遠。

高：「英雄時代」過去，隨之而來地應該是一種技術官僚的時代。

李：技術官僚的時代也要過去。人性教育，就是要解決這方面的問題。當然，光靠教育是不夠的，社會本身在發展，工具理性要消解、解構或解毒。這還需要一段時間。馬克思講得好，人的自由時間增多，就好辦了。工作時間越來越縮短，人也越來越自由。假如一個星期只工作三、四天，那麼技術官僚控制你也只控制三、四天。這時，整個社會就會逐漸變化。

高：也就是說，個人的才能的全面的發展和實現。我們不能說馬克思所說的「每一個人的自由發展是一切人自由發展的條件」的狀況不能一下子完全實現，只能首先在一定程度上實現。

李：慢慢地實現。這主要還是依靠經濟的發展。例如歐洲共同體就是一個例子，1958 年我就非常關心這個問題。幾十年過去了，進展還僅有這麼一點，發展得很慢，但從歷史長河來看，這是很短的一瞬間。再過若干年，也許就統一貨幣，成立真有效能的歐洲議會。全世界都照這個方向、這種步伐走就很好。國家慢慢地走向消亡，戰爭也就沒有了。但這恐怕是一、兩百年以後的事了。我對人類基本上持樂觀的態度。悲觀沒有意義，不想活，自殺好了。不自殺，又感到生活沒意義，還得活下去，那怎麼辦？

高：這種樂觀是認為未來會比現在好一點，人性會變得完美一點。

　　李：希望會如此，有此可能性，但並非一定如此。未來可能會比現在好一些，也可能比現在壞一些。這個可能不是靠等，而是要去爭取。可以爭取未來比現在好。

　　高：謝謝您談了這麼多。今天沒有時間了。希望以後有機會能圍繞您的《美學四講》和《華夏美學》談一點美學問題。

（高健平整理，原載《明報月刊》，1994 年 3 月號）

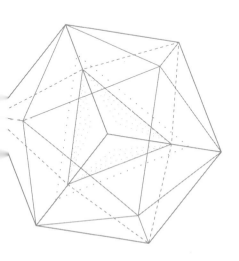

九、關於「實用理性」

　　林毓生教授提出的有關「實用理性」的問題極其複雜，並且
同許多別的問題密切關聯。限於時間，無法展開充分的討論，只
能簡要作答。

　　1.首先談術語。我最先是在 1980 年所寫的一篇文章〈孔子再
評價〉中使用「實踐理性」這一詞彙的。在漢語裡，它與康德
"practical reason" 的中譯名「實踐理性」相同。為了避免造成混
淆，我後來改用「實用理性」。這個術語與康德的實踐理性有一些
共同點，因為儒家所強調的也是倫理行為。林教授說，我用這個
概念是指「一種肯定現實生活的世界觀」。在儒家思想中，這種肯
定現實生活的世界觀所關注的是倫理實踐，並與之緊密相連。離
開了倫理實踐，這種世界觀或生活態度便無意義，不過，實用理
性並不只是倫理實踐，它也是某種思維方式、思維習慣，它與思
辨的思維模式形成對照。在這方面，實用理性同杜威的實用主義
有著某些相似性：實用理性也將有用性懸為真理的標準，認定真
理在於其功用、效果。

　　不過，實用理性又不能等同於杜威的實用主義，因為它承認、
尊重、相信甚至強調客觀的原則、規則或秩序，這原則、規則或
秩序在某種意義上乃是獨立於人的思維和經驗的，這就是「天
道」，或稱「天命」。「人道」不能同「天道」分開，「人道」必須
遵從「天道」，「天道」與「人道」是一而二、二而一的東西。

　　何謂「天道」？這個問題十分複雜。「天道」包括自然法則，
例如，孔子說：「四時行焉，百物生焉，天何言哉？天何言哉？」
同時，「天道」也包蘊著某種超自然的涵義，例如孔子說過，「天

厭之！天厭之！」

2.因此，我認為儒家思想確實蘊含著某種宗教的品格，它不是西方意義上的哲學。三〇年代，在馮友蘭《中國哲學史》的「審查報告」中，金岳霖提出「中國底哲學史」與「中國的哲學史」的區分。後者意味著有一種普遍的、一般的哲學，因此，中國的哲學與西方的哲學具有相同的性質，兩者都討論同樣一些問題，例如宇宙論問題、本體論問題、認識論問題等等。但是，「中國底哲學史」（本文以後改用「中國哲學史」，略去現已不習用的「底」字）所強調的卻是，中國哲學在性質和問題上根本不同於西方哲學。我本人傾向於這一觀點。我認為，哲學這個術語來自西方，用這個術語去討論中國文化不很準確，因此要特別注意。

所謂「中國哲學」，尤其是儒家學說，其實也包括道家哲學和禪宗哲學，大體上只是半哲學。正因為它是半哲學，所以就不重視抽象的思辨論證、嚴密的邏輯推理、系統的理論建構等等。相反，它特別強調理論必須具有實踐的和實用的品格。儒家試圖對普通人的日常生活，對他們的行為和活動施加直接的影響。對西方人來說，這是宗教而非哲學的任務。事實上，在傳統中國社會裡，尤其是在士大夫中間，儒學所發揮的作用是一種準宗教的作用。

但是，儒學又不是真正的宗教，它缺少一個人格神的上帝，缺乏特定的組織、儀式和信仰，而所有這些對宗教來說經常是不可或缺的。孔子本人秉持一種「敬鬼神而遠之」的態度，很少提到超自然力量對人事的干預或作用。他對鬼神的存在既不肯定也

不否定，甚至也不提出懷疑，因為任何肯定、否定或懷疑，都必須以智性的探索和理論的思維為前提。古希臘哲學對感覺的懷疑、近代經驗哲學對理性的懷疑，都屬於理論思辨的範疇，而對儒學和實用理性來說，這沒有意義也沒有用途，因此不需要去探求。儒家更傾向於將這類問題棄置一旁，不予討論。即使在今日，要想通過智性的手段去解決上帝、鬼神的問題，也是不可能的。

　　3.正因為儒學將宗教與哲學融為一體，它就既不是宗教，也不是哲學。因此，在儒家思想中就不存在神聖與俗世、靈與肉、此岸世界與彼岸世界之間的緊張衝突，而類似的緊張衝突在諸多宗教中則是明顯可見的。對儒家來說，同樣也不存在經驗與理智、感性與理性、主觀與客觀之間的衝突，這一點也使它有別於諸多哲學理論。但是，儒家思想卻有其自身的尖銳衝突。儒家並不像林教授引述麥克斯·韋伯所說的那樣，認為「現實世界是『所有可能的世界中最好的一個』」。對儒家來說，恰好相反，現實世界是非常不完善的，最好的世界有待於通過人們努力去創造和復興。因此，在儒家思想中，真正的緊張乃存乎理想的烏托邦遠古世界與污濁的現實世界之間。孔子夢周公，儒家老要「復三代（夏、商、周）之盛」。即使到了宋代，朱熹仍抱怨，較之三代，漢唐盛世也只能算是衰落。去創造一個不同於現實世界的理想世界，在地上建立天國，實現大同太平，這構成了中國士大夫知識分子偉大的使命感。這使命 (mission) 雖屬人事，卻關乎「天命」。因為這種使命感並不只是純粹的主觀意願和主觀理想，而是來自一種宇宙律令，一種神聖的召喚 (calling) 或天職。中國知識分子勇於

獻身的熱情及其信仰心態絕不亞於宗教徒,「救民於水火」、「以天下為己任」這類信仰、目標和行動,可以同任何宗教對救贖的關注相提並論。

儒家並不僅僅關注靈魂的拯救。但靈魂的拯救自屬必要,因此新儒家宋明理學講究甚至專注於心性問題。然而,靈魂的拯救是同社會的拯救密不可分的,這就是所謂的「內聖外王之道」。

4. 「聖」的根源何在?這個術語最初是同宗教儀式、巫術活動等等聯繫在一起的。在遠古時代,同神鬼交通的巫師成了聖者;此外,他還擁有至高無上的統治權力,他同時就是「王」。後來,在儒家那裡,「聖」逐漸演化成了一種道德修養。「仁、智、勇」最初本是對氏族首領作為典範的品質要求,到了儒家手中,則成了一種道德素養。「王」自然是有關統治的,因而屬於政治的範疇,這樣一來,倫理就同政治融合無間了。這就是中國式的政教合一,從理論上說,它正是來源於「內聖外王」。

中國缺少類似於基督教那樣的宗教,但儒家倫理卻具有如上種種宗教品格,其結果就產生出中國式的政教合一,倫理被視為政治,政治也被視為倫理。例如,自宋代以還,人們一直把官吏的道德人格視作為官好壞的評判標準。為官須清正廉潔、誠實不阿,至於政績如何,反而無足輕重。在文化大革命中,反對資本主義和修正主義的政治鬥爭,通通都被貼上了「公」「私」鬥爭的倫理標籤,舉國上下澎湃著「靈魂深處爆發革命」(林彪語)的道德激情。我在《中國現代思想史論》一書已經對這一點作過討論。在此我僅想強調一點,自五四到 1989 年,中國知識分子對「救

亡」、「愛國」、「科學」、「民主」的滿腔熱情，實際上正是由這種
準宗教的道德信仰激發起來的。我在別的文章中曾寫道，自五四
以來，一直存在著一個「熱情有餘」的問題，也就是說，實用理
性中的激情要素在某些特定的情況下能夠製造出一種準宗教性的
狂熱，雖然它始終不會像某些宗教狂熱那樣持久和極端反理性。

　　5.如何解決這個問題？我們需要全盤否定儒學和實用理性嗎？
需要全盤西化，如金觀濤引進「科學主義」，或如劉小楓引進基督
教嗎？對此，我不敢苟同。

　　「實用理性」就如同「積澱」和「文化心理結構」一樣，並
不是一個封閉的概念。它們都不是指某些一成不變的模式或形式，
而是指一個活生生的過程中的結構原則或創造原則。它們指的是
文化在人的心理中所發揮的作用和與個體相衝突和交融的歷程。
人的心理不是死東西，如桌椅板櫈那樣，它本身乃是一個不斷展
開、不斷向前推進的過程。因此，無論是積澱還是文化心理結構
(formation) 都是一些活生生的過程。說「塑形」(shaping) 和「形
成」 (forming) 可能更準確一些，或許需要用一個新詞 「積澱過
程」(sedimentating) 來取代「積澱」(sedimentation) 一詞。

　　儒家希望「塑建」人的情感和感性。例如，儒家認為「樂者
樂也」，但同時又認為「樂以節樂」。人需要快樂，但若不對快樂
加以節制，就會對個體身心和社會秩序產生害處。儒家既不禁止
感官慾求又不放縱感官慾求。因此，我曾經講過，在中國缺少酒
神精神。「樂」就如同「禮」一樣，其目的是要「塑建」人的感
性，使之恰到好處。也就是說，儒家要求理性滲入到情感中去，

情理交融。林教授將此點說成是「節制有度」，這種「節制有度」的意義就在於要給予自然情感以屬人的合理形式，它賦予情感以合理的度，要求情理交融。

另一方面，儒家又要求情感滲入理性，因此，儒家世界觀充溢著情感。《周易》說，「天地之大德曰生」。天地自然具有一種肯定的情感品格。天道、天命、人性是善的、美的、有活力的，洋溢著健旺的生命力。顯然，儒家對宇宙、自然和生命所作的這種界定並不是科學的，也不是思辨的、哲學的，而完全是情感的、審美的。因此，雖然儒學不是宗教，但它卻超越了倫理，達到了與宗教經驗相當的最高境界，即所謂「天人合一」。我把這種境界稱為審美境界。儒家的審美境界並不只是感性愉悅，而且也是心靈的滿足或「拯救」，是人向天的精神回歸。

如我在前面指出的，正因為在實用理性中，情與理是相互交織在一起的，這種情便不是非理性的狂熱或盲目的屈從。較之某些宗教，實用理性更有可能去調適情與理的關係，限制非理性的情感，使之不致對接受新事物構成大的障礙。實用理性更注重吸取歷史經驗以服務於社會生活的現實利益。例如，中國傳統向不重視抽象思辨、邏輯推理和科技發明，然而，當現代科技自西而來並證明了其效用之後，中國人很快便接受了它，而且還接受了從形式邏輯到各種哲學理論等一整套西方的思維模式，並在科學領域內大顯身手。

因此，在今日現代化的進程中，實用理性便完全有可能找到合理有效的方法去解決諸如政教合一、倫理與政治混融不分、狂

熱的革命激情等問題。清初黃宗羲、唐甄等人吸取歷史的經驗教訓，衝破傳統的藩籬，提出了接近於現代民主觀念的思想。由此，似乎可以得出一個結論：實用理性作為中國人文化心理活動的結構原則，並非靜止的、一成不變的形式，它重視的正是變化、擴展、更新和發展。從而，中國傳統、儒學和實用理性不會對現代化構成障礙。

6.最後簡略談談林教授所提的啟蒙與救亡問題。這問題也十分複雜，在大陸和海外都有種種批評和討論。我同意林教授的說法，啟蒙運動本身存在著許多問題。我在 1979 年出版的《中國近代思想史論》中，討論了革命派（我稱之為法國學派的追隨者）如何壓倒了改良派（英國學派的追隨者）。為什麼？是因為救亡。為什麼嚴復翻譯的赫胥黎的《天演論》如此受人歡迎，而他翻譯的孟德斯鳩的《法意》和亞當·斯密的《原富》則沒有發生影響？為什麼五四時期「科學」的口號後來成了「科學態度」、「科學精神」、「科學世界觀」這類意識形態，而「民主」的口號則成了毛澤東的民主集中制？所有這一切都是由於同一個原因：救亡。

可見，「救亡壓倒啟蒙」的涵義之一正是，啟蒙本身所接受和宣揚的思想是同救亡聯繫在一起的，並受其主宰和制約。從表面上看，啟蒙和救亡似乎對立，但實際上兩者卻是相互滲透，難解難分地糾結在一起的。啟蒙最初由救亡喚起，但到了後來，特別是一九三〇年代以後，在共產黨控制的組織和地區的軍事化環境中，救亡完全壓倒了啟蒙。要不是一九二〇年代以後救亡的任務變得日益緊迫，林教授所鍾愛的蘇格蘭學派的啟蒙思想，對具有

實用理性的中國知識分子和中國人來說本是不難接受的。

　　雖然我並不同意某些青年學者全盤否定儒學的觀點,但對「現代新儒家」仍然堅持想用道德形而上學為現代民主制度開闢道路的理論,我也頗不以為然。我認為這是根本不可能的。在今日,要想繼承和發揚中國傳統,應該重視的倒是實用理性,去研究它,進行轉換性地創造。一方面,堅持和發揚那種重視經驗、歷史和現實效果的「冷靜合理、現實主義的」(林教授語)思維方式,並以此將道德與政治明確地區分開來。另一方面,保持和發展實用理性中那種樂觀而韌性的人生態度,去重建那超越倫理的準宗教的心靈境界。這樣,我們或許能夠突破綿延至今的政教合一,克服目前日趨嚴峻的道德頹喪和信仰危機。

　　這就是我的簡要答覆,謝謝各位。

劉　鋒　譯

(1993 年,原載《二十一世紀》總 21 期)

*這是在洛杉磯美國亞洲學會年會 (1993.3.25～28)「與李澤厚對話」圓桌討論 (Session 23: Round Table: Conversation with Li Zehou) 上的發言。參加討論者為林毓生(主持人)、史華慈 (Benjamin Schwartz)、狄百瑞 (Wm. Theodore de Bary) 及聽眾。譯文經作者校訂。

十、哲學探尋錄

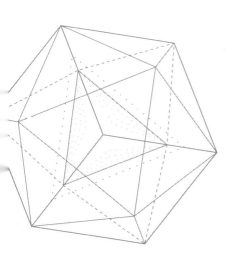

「人活著」：出發點

1.「天下何思何慮」：哲學可能性

哲學本是精工細活，妙理玄言，如今卻作探尋札記、粗糙提綱；分析哲學家必大搖其頭，形而上學者或悻然色變。但哲學既非職業，而乃思想，則常人亦可思想。此「想」不一定高玄妙遠、精密細緻，而可以是家常生活，甚至白日夢囈。哲學維護的只是「想」的權利。

人一定要「想」麼？人活著就有「想」。睡覺作夢，也還在「想」：在夢中吃飯做事，奮搏逃奔，離合悲歡。這不就是「想」麼？「至人無夢」，這「至人」當是一念不生，一塵不想，免除和殺死一切想、夢的人？殺死之後，又仍活著，便如行屍走肉，不如真的自殺。

但並非每個人都會自殺。恰好相反，實際是每個人都在活著。活著就要吃飯穿衣，就有事務纏身，便被拋擲在這個世界中，衣食住行，與人共在，從而打交道，結恩怨，得因果，憂樂相侵，苦甜相擾。儘管你可以徹底排遣，精神解放，「境忘心自滅，心滅境無侵」。但這解放、排遣、「忘滅」本身，其所以必要和可能，不又仍然是人們努力「想」的結果麼？

在世界而求超世界，在此有限的「活」中而求無限、永恆或

不朽;或者,「打破沙鍋問到底」,去追詢「人活著」的(人生)道理、意義或命運;這種哲學或宗教課題,在「後現代」,或只可看作是庸人自擾?「本來無一物,何處惹塵埃」。硬要思量這些本無解答的問題,幹什麼?真實的存在不就在個體自我的當下片刻麼?其他一切都只是空間化的公共語詞,不足以表述那自意識而又不可言說的「××」。與現代追求「反抗」、「獨創」、「個性」相反,這裡完全不需要這些。一切均已私有化、瞬間化。無本質,無深度,無創造,無意義。中世紀思考和崇拜上帝;啟蒙以來,思考和崇拜理性或自我。如今,一切均不崇拜、均不思考,只需瀟瀟灑灑,亦渾渾噩噩地打發著每個片刻,豈不甚好?遊戲人生足矣,又何必他求?用完就甩,活夠就死,別無可說,歷史終結。生活已成碎片,人已走到盡頭,於是只一個「玩」字了結。這個世紀末正偶合「後現代」,不好玩麼?

既然如此,也就可以有各種「玩」法。即使日暮無時,何妨強顏歡笑?「為君持酒勸斜陽,且向花間留晚照」。「絕望之為虛妄,正如希望相同」。明知無解,何妨重問?總有人要問人生意義這個本無可答的問題,畢竟人也有權利來問這問題,而哲學的可能性就在於人有權利叩問人生,探尋命運,來作出屬於自己的決定。於是,以「人活著」這一原始現象作出發點,便可以生發出三個問題:

(1)歷史終結,人類何處去?人會如何活下去?

(2)人生意義何在?人為什麼活?

(3)歸宿何處?家在何方?人活得怎麼樣?

　　《周易》說，「天下同歸而殊塗，一致而百慮，天下何思何慮？」蓋即此思此慮也。東西各學說各學派都為「人活著」而思而慮。雖「同歸」，卻「殊塗」。「塗」即是路，也是視角，這也就是哲學。哲學只是路的探尋者，視角的選擇者。是「路」、是「視角」，便可能有某種全面性和「系統性」，而不是隨感或雜談。但它卻決不是程式、構架、「第一原理」。它沒有確定的規範、論證、文獻資料科學要求、體系建構。哲學將是體系和建構體系的抗爭者。對我個人來說，哲學探尋也許只是「聊作無益之事，以遣有生之涯」罷了。

2.「為天地立心」：由工具本體到心理本體

　　上節結尾是「作無聊之事」，此節卻要「為天地立心」，有些滑稽。不過，以落寞心情作莊嚴事然，恰好是現代人生。說得更莊嚴也更好玩一點，這也正是「知其不可而為之」的儒學精神和它的悲劇。於是本「探尋錄」可能就是這種欲調侃而未能的滑稽劇。但今日的哲學已五光十色，五味俱全，如真能多出一種，豈不更好，抑又何妨？

　　今日有反哲學的哲學：眼前即是一切，何必思前顧後？目標意義均虛無，當下食、色才真實。這大有解構一切陳規陋習及各類傳統的偉功，但也就不再承認任何價值的存在。無以名之，名之曰「動物的哲學」。

　　今日有專攻語言的哲學：醫療語言乃一切，其他無益且荒唐。於是，細究語詞用法，釐清各種語病，技術精而又巧，卻與常人無關。無以名之，名之曰「機器的哲學」。

　　今日有海德格爾哲學：深求人生，發其底蘊，知死方可體生。讀《存在與時間》有一股悲從中來、一往無前的衝力在。無以名之，名之曰「士兵的哲學」。

　　當然，還有各種傳統哲學和宗教及其變種，林林總總。其中，基督教神學最值重視。它自神而人，超越理性。在全知全能的上帝面前，海德格爾的 Being 也相形見絀。高聳入雲的十字架，在陽光中燦爛輝煌，崇高聖潔，直接撼人心魂，人生真理豈不在是？命運歸宿豈不在此？無怪乎有論者要強調「聖愛」高於倫理，與康德強調道德律令在先、道德感情在後、後者低於前者恰好相反。於是，人生直是一種情感，這是一種普泛而偉大的情感真理。是邪非邪？

　　中國哲學也充滿情感，它從來不是思辨理性。但是，它也不是這個「走向十字架」情感真理。以「實用理性」、「樂感文化」為特徵的中國文化，沒去建立外在超越的人格神，來作為皈依歸宿的真理符號。它是天與人和光同塵，不離不即。自巫史分家到禮崩樂壞的軸心時代，孔門由「禮」歸「仁」，以「仁」為體，這是一條由人而神，由「人道」現「天道」，從「人心」建「天心」的路。從而，是人為天地立「心」，而非天地為人立「心」。這就是「一個人生」（天人合一：自然與社會有歷史性的統一）不同於「兩個世界」（神人有殊：上帝與包括自然界與人類社會在內的感性世界相區別）和中國哲學所謂「體用一源，顯微無間」的本根所在。

　　人生有限，人都要死，無可皈依、無可歸宿，把愛、把心靈、

把信仰付托於一個外在超越的符號，比較起來，似乎還順當。現在卻要自己在這個人生和世界裡去建立飯依、歸宿、信仰和「終極關懷」，即有限尋無限，於世間求不朽，這條道路豈不更困窘，更艱苦，更悲愴？

在這條道路上，「活」和「活的意義」都是人建構起來的。人為自己活著而悲苦地建構。由於不把它歸結於神的賜予，它就雖然可以超越任何具體人群的時代、社會、民族、階級、集團，卻無法超越人類總體（過去、現在、未來）。過去、現在、未來這種空間化的時間系列便是歷史。人生意義不局限、束縛於特定的時、空，卻仍然從屬於人類的總體，此即「主體性」，即歷史積澱而成的人類學歷史本體。所以人類學歷史本體論一方面是立足於人類社會的馬克思主義哲學的新闡釋，另方面又正好是無人格神背景的中國傳統哲學的延伸。這個哲學既以「人活著」為出發點，也就是為什麼要將「使用——製造工具的人類實踐活動」（亦即以科技為標誌的生產力）為核心的社會存在命名為「工具本體」的緣故。

人活著要吃飯，但人並非為自己吃飯而活著，把一切歸結為吃飯或歸結為因吃飯而鬥爭如「階級鬥爭」，是一種誤解。人生意義雖不在人生之外，但也不等於人生，於是有「為什麼活」的問題。

馬克思提到「自由王國」，它的前提是人的自由時間的增多。當整個社會的衣食住行只需一週三日工作時間的世紀，精神世界支配、引導人類前景的時刻將明顯來臨。歷史將走出唯物史觀，

人們將走出傳統的「馬克思主義」。從而「心理本體」（「人心」→「天心」問題）將取代「工具本體」，成為注意的焦點。於是，「人活得怎樣」的問題日益突出。

從世界情況看，人「如何活」的問題遠未解決，「活得怎樣」只是長遠的哲學話題，但由「工具本體」到「心理本體」卻似可成為今日一條探尋之道，特別對中國更如此。這不是用「馬克思主義」框架來解釋或吞併中國傳統，而很可能是包含、融化了馬克思主義的中國傳統的繼續前行，它將成為中國傳統某種具體的「轉換性的創造」；由於具有一定的普遍性，它也可能成為世界意義的某種「後馬克思主義」或「新馬克思主義」。

如張載所說：「為天地立心，為生民立命，為往聖繼絕學，為萬世開太平」。「立心」者，建立心理本體也；「立命」者，關乎人類命運也；「繼絕學」者，承續中外傳統也；「開太平」者，為人性建設，內聖外王，「萬世之太平」，而情感本體之必需也。

3. 「鼓天下之動者存乎辭」：語言問題

「太初有為」還是「太初有言」，似乎也可作為中西哲學異途的某種標誌。「太初有言」，從而語言成了人的「界限」、「家園」。但各種語言哲學恐怕已不復如日中天，能繼續統治下去了。

「為什麼有有而無無？」「為什麼總是點什麼而不是什麼也不是？」就並非語言所能解答。神祕的是世界就是這樣的。世界存在著，人活著，這就是「有」，這就是「原始現象」，它超越語言。各種宗教、半宗教（包括儒、道）以信仰、情感，禪宗則用棒喝、機鋒來點明這個「有」的個體性、偶發性、超語言的不可傳達、

不可規定性。於是，哲學歸趨於詩。

　　然而，哲學非即詩也。哲學關乎「聞道」和「愛智」。它是由理性語言表達的某種「體認」和「領悟」，雖充滿情感與詩意，卻仍是理性的。「愛智」之「愛」，情感也。「聞道」的「聞」，即「恐懼乎其所不聞」，不「聞」則不足以終極關懷、安身立命，亦情感也。而「智」和「道」，則理性之徑途、內容和體認。

　　人們說，是語言說人而不是人說語言。但漢字卻顯示「天言」仍由「人言」所建立。漢字是世界文化的大奇蹟，它以不動的靜默，「象天下之賾」，神聖地凝凍、保存、傳遞從而擴展著生命：「人活著」的各種經驗和準則。難怪傳說要張揚人造字使「天雨粟，鬼夜哭」。所以，恰恰不是隨抹隨寫，寫了就抹；相反，「敬惜字紙」，應敬惜這生命的歷史和歷史的生命。漢字凝結、融化了各方面的口頭語言，哺育了這麼巨大的一個中華文化的時空實體，並證實著這個實體在活著。《易》曰：「書不盡言，言不盡意。……繫辭焉以盡其言。」又說，「鼓天下之動者存乎辭」，用知性語言，表述某種超語言的實存的情感體認以推動它的存在，即此之謂也。

　　從而，哲學作為視角和路的探尋者，便只是某種觀念──概念的發明者和創造者。因是「發明」，它總反射出「客觀」制約，在古希臘不可能有康德的「發明」，在康德時代也不能有海德格爾的「發明」。因是「創造」，哲學具有「主觀」情緒。康德不講教堂，與他的理性批判有關。海德格爾不反納粹，畢竟令人想起他前此的「此在」充滿悲情的衝力。哲學觀念──概念之不同於許多其他包括科學的觀念──概念，在於它的「無用性」和無所不

涉性。哲學不提供知識，而轉換、更新人的知性世界。泰利士的「水」，笛卡兒的「我思」，康德的「先天綜合」，海德格爾的「此在」——「存在」，等等，無不如此。這如同藝術轉換、更新人的感性世界。於是，無用之用是為大用，作為視角建構和路的探尋，哲學展示了語言的巨大構造功能。「中國哲學」以實用理性的根底，通由「仁」「義」「道」「氣」等觀念——概念將感性、知性、理性混同融合、更突出地顯示了「鼓天下之動者存乎辭」的「語言說人」。這語言與書寫相聯，以經驗的歷史性支配著人。

 # 「如何活」：人類主體性

1. 「未知生，焉知死」：人類如何可能

　　海德格爾講知死才知生，可說是「未知死，焉知生」。孔老夫子卻講「未知生，焉知死」。

　　每個人都奔向自己的死亡：那無定的必然。這使人既「畏」且「煩」。從而，高揚非理性的此在 (Dasein) 生命和衝力，認為這就是 Being 的囑託和召喚。這種個體主義容易走向神祕、空洞與瘋狂，甚或隸屬於殺人機器。晚年海德格爾由「煩」、「畏」而傾心於悅樂 (Joy)，由 Dasein 而 Being，回到自然懷抱。其實，不走向神，便只有回歸於人，來獲得「敞開」和「無蔽」。這雖然與中國傳統接頭，但要注意，中國傳統的「人」是現實的具體的「人」

及其日常行為（例如《論語》中孔子對「仁」的種種回答），因此，便並不也不能先排開非本真的中性人 (Das man) 的「人活著」來談 Desein 或 Being。遺憾的是，今天好些大講「生命」、「實存而有」、「人的本真存在」、「道德的形而上學」……的哲學卻幾乎大多或無視或忽略這一關鍵點。這些哲學雖然高遠玄妙，卻經常空洞、抽象，不食人間煙火，不免淪為高頭講章，學者戲論，脫離倫常日用，無法踐履；而且由於哲學與哲學家分離，言行不一，而為世詬病。這一切，似都可歸因於脫離「人活著」——首先是「如何活」這一「非本真」的命題而產生。

所以，「未知生，焉知死」包含兩層面：一是首先要知道、了解人「如何活」，亦即「人類如何可能」的問題。這裡有群體秩序、社會關係種種方面。孔子講「足食足兵」「庶之富之」，講「正名」和禮制，就正是處理人「如何活」——「知生」的一個重要層面。

「知生」當然並不止此，它還有人生意義和人生狀態，即「為什麼活」和「活得怎樣」的形而上層面。孔子和儒學對這一層面講得更多。「未知生，焉知死」不僅把「如何活」擺在第一位，而且是從「活」的路塗或視角而不是從「死」的路塗或視角探尋「活的意義」，將「本真」的「活的意義」從「非本真」的「人活著」中引申和探尋出來。從而「未知死，焉知生」便只能作為「未知生，焉知死」的補充和提醒，而不能取代它的主導位置。

2. 「生非異也，善假于物也」：使用和製造工具

如果不懷成見而略予省視，便可發現：人類生活和生存區別

於其他一切生物種族的基本的、突出的、巨大的、主要的特徵，在於使用工具和製造工具。奇怪的是，這一基本事實卻為哲學家們所熟視無睹，不加重視。大概只有二千年前荀子強調過「假輿馬者，非利足也，而致千里；假舟楫者，非能水也，而絕江河。君子生非異也，善假于物也」，曾揭示這個極平常卻極重要的事實。我以為，這也正是馬克思的貢獻所在：指出以生產工具為核心和標誌的生產力的發展是社會存在的根本柱石。從而，經濟是基礎，其他乃上層，社會由是生，關係由是出，財產由是立，歷史由是行，要求一切「合理化」的工具理性也由而不斷成長發達。馬克思歷史哲學具有缺陷和毛病，例如以「階級鬥爭」為貫串線索等等，但指出生產工具、生產力從而科學技術是人類生存的基礎這一基本視角仍然正確。這也是以前拙作所著意要承接和說明的，現略重複如下：

⑴與海德格爾等人的看法相反，現代工業、科技以及工具理性等等，儘管造成了環境污染、生態破壞、自我疏離、各種異化，破壞了詩意、自然、安寧和各種人間情愛，但它們同時也極大地改變、改進和改善了整個人類的衣食住行、物質生活，延長了人們的壽命，而這畢竟是主要的方面。誰願意再穴居洞處，茹毛飲血，冬無暖氣，夏無空調，夜無燈火照明，日砍竹木燒食，足不出方圓數十里，活二、三十歲即死掉……，認為這才是真實的生活、聖哲的境地，那當然自由他去，但恐怕人類的絕大多數不會願意。既然如此，又如何能否認科技、工業、物質文明、工具理性和歷史進步的價值和意義？既然如此，不是浪漫式地批判、否

定、捨棄物質文明,而是重新研究、了解、改革、重建它們,清除其為害於人的一面,難道不更實際更符合道理?

(2)「天何言哉!四時行焉,百物生焉,天何言哉」。「天言」寧靜,之所以為人言呱呱所打破,亦以此故。動物有語言,只交流信息;人類有語言,卻不僅交流信息,而更在貯存使用──製造工具的生活經驗。它構成人類語言的語義,人類獨有的「理性」也來自此。正由於將人的語言、思維中與使用──製造工具的實踐經驗和規範相隔絕分離,時空觀念、邏輯規律、因果範疇等等「普遍必然」便變成了不可解說的「先驗」。拙作《批判哲學的批判》一書及其他提綱即在揭示這「先驗」理性的「客觀社會性」,即它以人類基本實踐(使用──製造工具的活動) 的歷史性為根源。

(3)人類具有的這種理性,並非個體活動的成果,乃是通由群體活動的原始巫術、禮儀而最終產生和形成。這就是區別於其他動物種族的人類所獨有的「文化」。它與真正的人類語言歷史地同步。正是原始巫術、禮儀要求個體嚴格遵循各種複雜煩瑣的規定,不可逾越,不可違背,它以群體對個體的指定、規範、要求為其形式,實際是挑選、演習、確定、突出、重複、鞏固行為中的肯定 (+) 否定 (−) 的模式,它是語言中而後是思維中的矛盾律、同一律(這樣作便不不這樣作)的根源,即 A=A 的語法和「邏輯」的歷史來源和根本基礎。通過眾多巫術、禮儀所產生和鞏固的(從而語言、思維所積澱的),並不是對某一特定對象、活動、行為、技能的要求或規範,而是對眾多活動的共相命令和模式。人的生

活經驗之所以不像夢境中的模糊、渾沌、雜亂，就是因為有這個從使用──製造工具的實踐活動所產生，由巫術、禮儀等文化所確定的最一般的規範形式的緣故。「理性」之所以超個體、似神祕，也是這個緣故。這樣，動物的心理也才變為人的心理，這也就是「自然的人化」。外在自然（自然界）由異己的敵對環境變成為人的自然。內在自然（血肉身心）由動物的本能變成具有理性的人的文化心理結構，即「人性」。這也就是我所謂「歷史建理性，經驗變先驗，心理成本體」。

　　理性因科技在近代的急劇發展，日益損害著個體作為動物性的非理性的生存（人總是動物）。它由於忽視、捨棄甚至排斥、犧牲個體的獨特性、偶然性、豐富性，而使「人為物役」，成了各種機器（包括物質機器和社會機器）的奴隸。「理性」需要解毒。從莊子「有機械者必有機心」對文明和異化的最早抗議，到今日成為哲學洪流的「上帝死了」、「人也死了」，便無非是這種解毒，要求衝破、粉碎、廢除理性的主宰、統治、控制、管轄和束縛，以使那個血肉之軀的個體生命獲得拯救或解放。一面表現為科技、工業的強大的「理性」的急劇擴張和發展，另面表現為文藝、哲學的同樣急劇發展的「反理性」的流行和泛濫，便似乎是今天文化、心理的衝突圖景。對於有著「儒道互補」長久經驗的中國人來說，這兩者倒可以相反相成。人類（包括個體）沒有理性便無法生存，社會愈前行，生活愈豐裕，使用──製造工具的科技將愈益發達；但人類（包括個體）只有理性，也無法生存，便成了機器人世界。社會愈前行，生活愈豐裕，反理性的文學、藝術、

生活風格和風貌也將愈益發達。理性需要解毒，人類需要平衡。人不能是動物，也不能是機器。於是人不斷要去探尋、詢問專屬於自己的命運。

3. 「夫是以謂大同」：歷史終結日，教育開始時

　　人的命運包括人類的命運和個人命運。如開頭所說，個人首先是與「大家」一起活著。我之所以強調實踐而非感覺才是哲學的出發點，不僅因為就認識論說，實踐形成了人的理性構架，決定著作為認識的感覺或感覺與料 (sense data)；而且，更重要的是，對於人類整體如何生存延續的關注一直是許多思想、宗教或哲學的焦點。

　　理性的發達使人們以為可以憑依它來設計社會烏托邦，但當列寧和毛把它付諸革命實現時，美麗的圖景頓時成為真正烏何有之鄉，支付大同社會夢的是億萬人的血汗、淚水與仇恨。從而經驗主義自由派的穩健、漸進、改良、否定過分依賴理性以及否定社會整體工程設計，反而顯得實在和健康。

　　即使承認可由理性計算的「社會必要勞動時間」決定商品價值，也由於自由時間的增大而逐漸失去其支配社會存在的力量，從而理性愈益失去其「必然」性質，人類將面臨真正的新的紀元。二十一世紀末也許真將成為「歷史的終結」？！

　　但「歷史的終結」不過是英雄時代的終結，激烈鬥爭的意識形態的終結，平淡無奇的散文年代將無限延伸。

　　生活不就更無聊嗎？沒有爭鬥、衝突、革命，人生不更乏味？人如何活下去？

　　不過，歷史雖「終結」，社會仍存在。由百無聊賴而吸毒、而酗鬥、而殺人和自殺，今日已然，明天更烈。於是，如何建構人性烏托邦，如何使每個個體的身心、潛能全面而健康地開發、成長和實現，就要提上日程。它是烏托邦，因為它是一種無限追求，沒有結尾。但它首先大概將要求已充分發展了的個人主義、科學主義、商業化限定在一定度量內而不任其再惡性泛濫。「不僅是外部的生產結構，而且是人類內在的心理結構問題，可能日漸成為未來時代的焦點。語言學是二十世紀哲學的中心。教育學──研究人的全面生長和發展、形成和塑造的科學，可能成為未來社會的最主要的中心學科。這就是本文的結論。也許恰好這是馬克思當年期望的自然主義＝人本主義、自然科學和人文科學成為同一科學的偉大理想」（拙作〈康德哲學與建立主體性論綱〉）。這也就是我所謂「新的內聖（人性建設）外王（天下太平）之道」。

　　當然，歷史終結畢竟還早，至少還需一、兩百年。當前是民族主義、種族主義、原教旨主義、新納粹主義……等各種沉渣泛起，似乎要把人類拖回到過去的年代。人們大概還需要支付大量的精力和代價，才能消弭這股歷史的逆流和幽靈的重現。

　　我又仍然以為，這「消弭」主要端賴經濟的發展。而且也只有「工具本體」的巨大發展，才可能使「心理本體」由隸屬、獨立而支配「工具本體」，這才是「內聖外王」的歷史辯證法的全程。於是人類主體性才轉而為個人主體性，它才可能使個體具有更為突出位置，而以追詢「活的意義」「為什麼活」為始端。

為什麼活：個人主體性

1. 「人生自古誰無死」：倫理絕對主義與相對主義

又回到死。人都要死，意識到死而活著，於是有「為什麼活」、「值得活嗎」的問題。

如以前所說：「為什麼活？有各種各樣的思想學說、宗教信仰和社會要求來作解答。有人為上帝活，有人為子孫活，有人為民族、國家、他人活，有人為自己的名譽、地位、利益活，有人為金錢活，有人為活而活，有人無所謂為什麼活而活……。所有這些，也都有某種理論來說明、論證。有的遮遮掩掩，有的直截了當。但所有這些又都不能解決什麼問題。究竟人為什麼活，仍然需要自己去尋找、去發現、去選擇、去決定。」（拙作〈哲學答問錄〉）這也就是「自由意志」：每個人自覺地自由地作出自己的行為決定，而不為現象世界的因果規律所束縛、限制。

這「自由意志」與「絕對律令」有關。康德曾指出，必須使你的行為具有普遍必然性才是道德的。這就是所謂「實踐理性」。這「實踐理性」從何而來，康德認為不可求解，只是先驗形式。但依人類學歷史本體論看，這個所謂「先驗」仍然來自維護人類作為總體（不是任何特定時、空中的群體）的生存和延續。個體一出生，即有此道德「義務」：你出生在一個沒法選擇的人類總體

的歷史長河（衣食住行的既定狀況和環境）之中，是這個「人類總體」所遺留下來的文明——文化將你撫育成人，從而你就欠債，就得準備隨時獻身於它，包括犧牲自己。這就是沒有什麼道理可說，只有絕對服從堅決執行的「絕對律令」和「實踐理性」的來由。這是一種「宗教性的道德」，是一種倫理絕對主義。「實踐理性」「絕對律令」之所以具有至高無上的地位，它之所以高於一切，不僅高於個體存在，也高於任何群體、民族、階級、社會、時代的功績和利益，高出任何具體的歷史事件和人物，正因為它所代表的是人類總體的生存。它就是「天」、「神」、「上帝」。在這種「宗教性道德」面前，任何個體都無限渺小，從而才會產生那無比敬畏的道德感情。在這一點上，康德完全正確：「絕對律令」（實踐理性）在先，道德感情（個體心理）在後。在這裡，道德、倫理、「實踐理性」與幸福、快樂、利益，與個體甚或群體的經驗便無關係，而且還經常與個體的幸福、利益、快樂相敵對相衝突，並以犧牲它們而顯示自己的無比優越和無上崇高。所謂「戰戰兢兢，如臨深淵，如履薄冰」，所謂「讀聖賢書，所學何事；而今而後，庶幾無愧」，便都是這種「宗教性道德」的自覺意識，亦即所謂「良知」「靈明」。

　　但歷史行程總是具體的。所謂「人類總體」又離不開一時一地即特定時代、社會的人群集體。因此這種「絕對律令」、「實踐理性」或「良知」、「靈明」，都只是某種形式性的建構。它的具體內容卻常常來之於具體的時代、社會、民族、集團、階級等等背景、環境（如「三綱五常」），而與特定群體的經驗、利益、幸福

相互關聯，從而具有極大的相對性和可變性。任何被人們執行或履行的倫理法規，都是產生地特定時空具體條件之下，這就是黑格爾、馬克思、孔德 (Auguste Comte) 以及現代文化人類學家用倫理相對主義來反對康德的原因：並沒有那種先驗的「實踐理性」，那只是空洞的形式；現實存在的是隨時代、社會、利益、環境不同而各不相同的倫理法規和道德原則。它們由法律、規約、習慣、風俗等等形式表現出來，常常是由外在的強制，經過長久的歷史，化為內在的自覺要求。這可稱之為「社會性的道德」。

　　「宗教性道德」和「社會性道德」之作為道德，其相同點是，兩者都是自己給行為立法，都是理性對自己的感性活動和感性存在的命令和規定，都表現為某種「良知良能」的心理主動形式：不容分說，不能逃避，或見義勇為或見危授命。其區別在於，「宗教性道德」是自己選擇的終極關懷和安身立命，它是個體追求的最高價值，常與信仰相關係，好像是執行「神」（其實是人類總體）的意志。「社會性道德」則是某一時代社會中群體（民族、國家、集團、黨派）的客觀要求，而為個體所必需履行的責任、義務，常與法律、風習相關連。前者似絕對，卻未必每一個人都能履行，它有關個人修養水平。後者似相對，卻要求該群體的每個成員的堅決履行，而無關個體狀況。對個體可以有「宗教性道德」的期待，卻不可強求；對個體必需有「社會性道德」的規約，而不能例外。一個最高綱領，一個最低要求；備用康德認識論的術語，一個是範導原理 (regulative principle)，一個是構造原理 (constructive principle)。

　　「宗教性道德」與「社會性道德」關係極其錯綜複雜，有時判然有別，並不溝通；有時相互重合，似為一體。經常可見的是，人（特定群體）的規範以神的旨意出之：「社會性道德」以「宗教性道德」的身分與名義出現。這在沒有宗教的中國式的「政教合一」的傳統中，特別凸出。需要作各種仔細分析，才能講解清楚，本文暫沒法詳敘。

　　這裡所想指出的只是，由於「兩個世界」的背景，康德較易使絕對倫理主義亦即「宗教性道德」自圓其說；因為「實踐理性」、「自由意志」、「絕對律令」的本體世界是與經驗的現象世界截然兩分，前者影響、決定後者，卻決不能由後者提升而來；這樣，倫理道德將保持其宗教性的本體崇高而不致淪為只有相對價值的時代社會性能。人類學歷史本體論和中國「樂感文化」的儒學傳統，由於「一個人生」的背景，本體即在現象中，並由此現象而建立，沒有超越的上帝或先驗的理性，有的只是這個「人類總體」：它是現象，又是本體。從而「絕對律令」等等作為文化心理結構必須與特定時空條件下的經驗「現象界」相聯繫相貫通，並由之塑造、積澱而來。「社會性道德」比較明確具體，易於了解；「宗教性道德」在這裡便遇到了經驗變先驗、歷史建理性、心理成本體的巨大難題。

　　例如，「人性善」作為「宗教性道德」的本源，在中國傳統中，便不能解釋為不可追溯的「先驗」。作為它的根源的「惻隱之心」或「不安不忍的道德真情之覺」，描述的正是某種感性，而不是超驗或先驗的理式或精神。如果確認這一點，再去建構「經虛

涉曠」的「大全」、「理世界」（馮友蘭）或「喜怒哀樂的未發」、「無善無惡心之體」的某種「道德的形而上學」（牟宗三），便不過是創立一個非人格神來君臨、主宰這個世界和人生罷了。無怪乎，以「終極關懷」來解釋宗教的神學家田立克 (Paul Tillich) 與講「心體性體」的新儒家牟宗三不約而同地傾心於康德的「道德的神學」，都要講超善惡的上帝或「本體」，即變相的「兩個世界」。但這與中國傳統卻並不吻合。

這就是關鍵所在。兩個世界為背景，康德「知」（認識論）「義」（倫理學）二分，以「義」為體。「一個人生」為背景，孔學以「仁」為「體」，「義」、「知」均發於「仁」。朱熹最近康德，以先「氣」的「理」統治人心，心學強調「良知」、「靈明」，卻仍以喜怒哀樂之「未發」來作為超越的本體，來統治、主宰「人欲」。於是陽明之後有泰山，戴山之後有陳確，它必然走向反面，均趨近於認「性」為「欲」的近代自然人性論，而將「宗教性道德」全部捨棄（參見拙作《中國古代思想史論‧宋明理學片論》）。

在海德格爾和德里達之後，去重建某種以「理」、「性」或「心」為本體的形而上學，已相當困難。另方面，自然人性論導致的則是現代生活的物欲橫流。因之唯一可走的，似乎是既執著感性又超越感性的「情感本體論」的「後現代」之路。在基督教，「聖愛」先於道德律令；在康德，「絕對律令」先於道德感情；如果以「仁」為體，則可以折中二者：即作為歷史積澱物的人際情感成為「宗教性道德」的律令根基，但它並不是當下情感經驗以及提升而已。它是一種具有宇宙情懷甚至包含某種神祕的「本體」

存在。在這裡，本體才真正不脫離現象而高於現象，以情為「體」才真正解構任何定於一尊和將本體抽象化的形而上學。

2. 「天行健」：有情宇宙觀

　　道家說：人之大患，在於有身。佛家說：苦海無邊，無有涯岸。但人偏偏有此生命和身體。前面說過，人不會都去出家、自殺。人還得艱難地活著，活大不易。人沒有利齒、巨軀、銳爪、快腿，靠「善假於物」而生存，肉體、精神受盡了千辛萬苦、萬苦千辛。個體早夭，群體滅絕者，比比皆是。然而人頑強地活著，這就是個體人生和人類歷史。

　　為此不容易「活」而頑強地「活著」和「活下來」這一事實，即可構成「活」的意義，它支撐著「活」的意念，成為「活」的理式和力量。這正是中國「樂感文化」的本源。「活」本荒謬而偶然，「活」或「不活」的意義都由人自己去建構。問題只在於：是把「活」的意義建構在不活、他世、上帝，還是就建構在這「活」本身？對儒學來說，「活」的（生命）意義即在「活」（生命）本身，它來自此「活」（生命）。也就是說，「活的意義」就在這個人生世事中，要在這個人生世事中去尋求。由於人首先是活在天地自然之中，而且是如此艱難苦辛地活著，「活」在這裡便是掙扎、奮鬥、鬥爭和這種奮力鬥爭的成果和勝利（終於活下來）。我以為，這就是儒學之所以賦予「活」（生命）以雄偉闊大的宇宙的情感肯定意義的實質由來。宇宙本無情，自然本中性，「天地不仁，以萬物為芻狗」；「天不為人之惡寒也輟冬，地不為人之惡遼遠也輟廣」；但儒學偏偏要以為並強調「天地之大德曰生」、「生生之謂

易」，「仁，天心也」，將「人活著」和自然界的存在和萬物的生育，看作宇宙自然的「大德」，這就是以「情」為體，將「人活著」予以宇宙性的泛情感化，即給予整個宇宙自然以溫暖的、肯定的人的情愛性質，來支撐「人活著」。從而，它不是抽象的思辨理性，不是非理性的宗教盲從，而是理欲交融的實用理性和樂感文化，是一首情感的詩篇。但這是用理性語言說出來的詩。它說的是：正因為「活」得如此艱苦悽愴，「活」本身便是件大好事。四大非空，有情更實，生命多麼美好，自然如此美妙，天地何等仁慈！那麼，又何必去追求虛無，講究寂滅，捨棄生命，或頌揚苦痛，皈依上帝呢？就好好地活在世界上吧。只要不執著、不拘泥、不束縛於那些具體事件、對象、煩憂中，那麼，「四時佳興與人同」、「日日均好日」，為什麼不去好好地欣賞和「享受」這生活呢？為什麼不可以由此「悟道」，進入這「本體」、這宇宙而「天人合一」呢？宇宙自然即是那有靈知、有情性的上帝。

　　所以，儒學無原罪或原惡，而只有原善。因為「人性善」是與「天行健」、與「天地之大德曰生」相承續而依托，它就相當於基督教的「聖愛」。但這個「天行健」、這個「天地之大德曰生」的「聖愛」，卻又仍然是「人行健」——人類總體為「活」而不屈不撓前仆後繼的奮鬥的本體提升，而並非任何個體的情感經驗或現象。再重複一遍，戰勝一切艱難險阻，歷經苦難死亡，而奮力不息地生活著、鬥爭著，在諸生物族類中創此偉大世界，這就是人類總體的「本體」所在。從《易傳》、《中庸》到董仲舒，到宋明理學，儒學把這倫理「本體」提升為足可敬畏的宇宙本體，使

倫理秩序即宇宙秩序，宇宙秩序即倫理秩序。在這個倫理——宇宙本體系統裡，人的地位就當然是「參天地，贊化育」：不是屈從在客觀目的論或人格神的主宰之下；相反，天地的存在倒是統一於服從於「人活著」這一根本主題。「活」成了由「人道」而「天道」的普遍性的偉大價值。但這並非近代西方的人類中心論，而仍然是人與自然宇宙互依賴共生存的「天人合一」論。

3.「道可道，非常道」：無情辯證法

康德說，「上帝的事業從善開始，人的事業從惡開始」。黑格爾和恩格斯說，惡是「推動歷史發展的槓桿」。從善開始，是倫理絕對主義，即倫理主義。從惡開始，是倫理相對主義，即歷史主義。如前所說，倫理規約、道德風俗常與特定時空條件和各種具體環境攸關，是人在特定時空條件下的社會責任和義務。這種「社會性道德」並不在個體追尋活的意義，而在保障一定的群體「如何活」下來。它實際屬於「如何活」的範圍。而歷史總是在「如何活」的範圍內前行。

迄今為止的歷史，總踐踏著千萬具屍體而前行。文明通過暴力、戰爭、掠奪、壓迫、剝削、陰謀、殘酷、濫殺無辜、背信棄義等等來斬榛闢莽，開拓旅程。大英雄、大豪傑、大偉人也經常是大惡棍、大騙子、大屠夫。「竊鈎者誅，竊國者為公侯；公侯之門，仁義存焉」。就人類說，歷史經常在這悲劇性的惡的事業中發展前行；就個體說，從古至今，幸福與道德也很少統一。

「積善云有報，夷叔在西山；善惡苟不應，何事空立言？」「福」、「德」之不能一致，古今同慨。那麼，怎麼辦？康德提出

由上帝保證的「最高善」作為絕對律令的歸宿。佛家有「三世業報」之說。但這些都不過是假設和假定。從儒學傳統和人類學歷史本體論來看，也許用「人類總體」來替代上帝和業報輪迴，可能還實在一點。因為這個總體包含了子孫萬代，大概只有在這個「子孫萬代」的無限歷程中，「福」、「善」才能統一。在這之前，人經常陷在倫理主義與歷史主義矛盾衝突之中。

　　道家之所以厲害，之所以能生發法家，就在冷靜的歷史主義。它知道天地乃中性，並不仁慈；人世更險巇，必須裝假。從而，它不像儒學那樣去傻乎乎地建構一個有情宇宙觀或本體論來支撐人世秩序（綱常禮教）和人生目的（濟世救民）。「道可道，非常道」的「道」，並非指本體、宇宙，而恰恰是指實用、運用。所謂「運用之妙，存乎一心」，從而不可道也。「無名，天地之始；有名，萬物之母」等等，也並非宇宙論、自然觀，仍然是「道術」；講的是保持那潛在可能性的無限，以高於、大於、優越於任何現實性的有限，即萬事萬物，才能以「無為而無不為」而長治久安（對「國家」說）而保身全生（對個體說）。道家冷靜觀察了人事變遷的歷史軌跡，知道它是「惡的事業」；包括「仁義禮智」，也只造成災難禍害。它從而充分揭示榮辱相因、勝敗相承、黑白相成、強弱相隨……等等辯證關係，強調人們應主動掌握它、運用它。所以它是行動的辯證法，而非語言或思維的（如希臘）辯證法（見拙作《中國古代思想史論·孫老韓合說》）。如果說儒學充分體現了中國「實用理性」的情感面；那麼道家則是中國「實用理性」的智慧面的展現。一仁一智，儒道互補。這「互補」也展

示出「宗教性道德」與「社會性道德」的複雜關係。一方面，例如中國重老，某些原始部族卻殺老；「王何必曰利，亦曰仁義而已矣」，「義利之辨乃人禽之別」，是傳統社會的道德；「恭喜發財」，「時間就是金錢」是現代社會的「道德」；倫理準則道德標準的相對性、可變性、功能性顯示出歷史主義和無情辯證法的巨大力量。但另方面，「殺老」正如「重利」一樣，畢竟不能作為「絕對律令」而長存。相反，侯門必懸仁義；大壞蛋也要滿口「仁義道德」、「人民大眾」、「民族國家」；人作了壞事，清夜捫心，仍有自愧；這一切又都顯示出任何相對主義、歷史主義仍舊掩蓋不住那以維繫人類總體生存為根底的「宗教性道德」的本體威嚴和崇高。正是它積澱了超越具體時代、社會的人的文化心理結構。這也就是「儒道」、「儒法」雖互補，卻為什麼仍需以「儒」為主幹的原因。

（四）活得怎樣：生活境界和人生歸宿

1.「學是學此樂」：人生四境

中國傳統之所以是「樂感文化」，除了它以人生（亦即一個世界）為根基，以「實用理性」為途徑，以肯定、追求生的價值和意義為目標之外，而且它所講求的「樂」又仍然具有形而上的皈依品格。此「樂」是一種宗教性的情感。上面已講，這正是以

「仁」為「體」與康德以「義」（無情感性的實踐理性）為「體」的區別所在。以「仁」為「體」，則具有感性情感的「惻隱之心」，才是實踐理性的根源。它雖仍是個體的、感性的，卻是對「本體」的體認或最高經驗 (peak experience)，即拙作《美學四講》稱之為「悅神」的審美境界，馮友蘭稱之為「天地境界」（《新原人》）。

　　康德繼「我能知道什麼？」（認識論），「我應該做什麼？」（倫理學），「我能希冀什麼？」（宗教學）之後，再加一問：「人是什麼？」（人類學）。人類學歷史本體論則恰恰從「人是什麼」開始，提出「人活著」（出發點）、「如何活」（人類總體）、「為什麼活」（人的個體），而將歸結於「活得怎樣」：你處在哪種心靈境界和精神狀態裡？這種狀態和境界並非描述是否有電視、空調之類，也並非詢問你是興高采烈還是滿腹牢騷；它關注的是個體自身的終極關懷和人格理想。宗教性課題在一個人生、一個世界的中國，轉換為生活境界和人生歸宿的探尋。

　　「如何活」、「為什麼活」是理性的內化和理性的凝聚，顯示的仍然是理性對個體、感性、偶然的規劃、管轄、控制和支配。只有「活得怎樣」的審美境界，理性才真正滲透、融合、化解（卻又未消失）在人的各種感性情欲中，這就叫理性的積澱或融化。「理性的內化」給予人以認識形式，「理性的凝聚」給予人以行動意志，「理性的融化」給予人以生存狀態。前二者（內化、凝聚）實質上還是一顆集體的心 (collective soul)，只有後者才真正是個體的心。所以理性在此融化中自然解構。「平疇交遠風，良苗亦懷新」，「萬籟雖參差，適我莫非新」，這些並非對自然景物的描寫，

而正是理性的融化和解構後的生活境界和人生歸宿。「如何活」和「為什麼活」都可以用知性語言來表達，如各種語言描述和語言指令。但「活得怎樣」卻常常超出知性語言，非語言所及，它只是詩。

馮友蘭曾分人生境界為「自然」、「功利」、「道德」、「天地」四階梯。這「四境」並不能截然劃開，特別是「如何活」總作為基礎和糾纏物與它們交錯在一起。「自然境界」是對人生或人生意義渾渾噩噩，不聞不問，滿足於「活著就行」的動物性的生存狀況裡。「功利境界」則是每人都有的熙熙攘攘的日常生活，為利、為名、為官、為家；或榮華富貴，功業顯赫；或功敗垂成，悲歌慷慨；或穩健平淡，度此一生。「道德境界」則聖賢高德、立己助人、清風亮節、山高水長；而凡夫俗子苟有志焉，亦可力就。這些都由語言管轄、統治。唯審美境界（天地境界）則不然。它可以表現為對日常生活、人際經驗的肯定性的感受、體驗、領悟、珍惜、回味和省視，也可以表現為一己身心與自然、宇宙相溝通、交流、融解、認同、合一的神祕經驗。這種神祕經驗具有宗教性，直到幻想認同於某種人格神。但就中國傳統說，它並不是那種得神恩天寵的狂喜，也不是在宗教戒律中的苦苦追求，而仍然是某種「理」（宇宙規律）、「欲」（一己身心）交融的情感快樂。也許，這就是莊子所謂的「天樂」。因為這種快樂並不是某種特定的感性快樂，即無所謂快樂與不快樂，而只是一種持續的情感、心境、mood，平寧淡遠，無適無莫，這也就是某種生活境界和人生歸宿了。理學講「心統性情」。但從程朱到陽明到現代新儒家，講的實

際都是「理本體」、「性本體」。這種「本體」仍然是使人屈從於以權力控制為實質的知識權力的道德體系或結構。所以，不是「性」（「理」），而是「情」；不是「性『理』本體」，而是「情本體」；不是道德的形而上學，而是審美形而上學，才是今日改弦更張的方向。所謂「學是學此樂，樂是樂此學」的「樂」，「情」也，非「性」也。「情」與「欲」相連而非「欲」，「情」與「性」（「理」）相通而非「性」（「理」）。「情」是「性」（道德）與「欲」（本能）多種多樣不同比例的配置和組合，從而不可能建構成某種固定的框架和體系或「超越的」「本體」（不管是「外在超越」或「內在超越」）。可見這個「情本體」即無本體，它已不再是傳統意義上「本體」。這個形而上學即沒有形而上學，它的「形而上」即在「形而下」之中。康德、海德格爾都想去掉形而上學，但又建構了自己的形而上學。大概只有在解構的「後現代」，才有去掉形而上學的可能，但又流於真正的原子個人而物欲橫流，失去任何普遍價值和社會性。也許，只有憑依理欲交融的「情本體」，能走出一條路來？而「心體」、「性體」只有皈依於「情體」，也才能真正貫徹一個人生、一個世界的華夏精神。「情本體」之所以仍名之為「本體」，不過是指它即人生的真諦、存在的真實、最後的意義，如此而已。

2. 「春且住」：藝術與時間

「山靜似太古，日長如小年」。在工具本體到心理本體的行程中，時間也由客觀的空間化派生出主觀的情感化，即時間不只是供計算的鐘表數字（人在群體活動中的生物——生理——生

活——社會的參照系統），而成為某種情感的強力綿延。在情感中，空間化的時間停止了，時間成為超時間。與俄羅斯東正教聖像文化強調苦難即拯救，不是走向光明而是走入黑暗才永恆得救，從而如杜斯妥也夫斯基殘酷地折磨心靈相反，中國重視的是似乎更在這心靈的超時間中得到「天樂」的永恆。在基督教，空間化的時間終止在上帝懷抱，那是既非理性又排除日常感性的情感體驗。在中國，空間化的時間終止在人的懷抱，那是既融化理性又不排除日常感性的情感體驗。你看那宋元山水畫，那就是這種心境、精神、「天樂」的物態化，顯現是一種情感的時間即超時間。中國畫論之所以將「逸品」放在「神品」之上，正因為前者標誌著這種超時間的人生境界，它不只是精神、意象、興趣、道德，而是「逸」的韻味。那高山流水，茂林修竹，那茅屋半間，行人幾個，它超脫可計量的空間化的具體時間，無需日影，沒有晨昏，但又仍有四時景象，這景象體現著人際關懷、人間情愛，它指向的是一種生活境界和人生歸宿。這才是「境（人生境界）生象（藝術圖景）外」，「得其圜中」。

　　前人說「禪而無禪便是詩，詩而無詩禪儼然」；「以禪作詩，即落道理，不獨非詩，並非禪矣」；陶潛、王維之所以比寒山、拾得，比宋明理學家們的詩似乎更使人「聞道」、「悟禪」，就因為「本體」已融化在此情感中。此詩此情即是真如。「以禪作詩」便是以一個玄虛的「本體」硬加在所謂「現象」之上，它與感情始終兩橛。可見，如前所說，「情本體」恰是無本體，是以現象為體。這才是真正的「體用不二」。熊十力講「大海水即此一一漚」，

但又無端建構「闢、翕」的自然宇宙論。其實「大海水」並非那思辨的天體、道體、心體、性體以及「闢、翕」等等，那「一一漚」也並非那萬事萬物的心性現象，它們乃是種種具體的人生情感，而「大海水」，即因融化理性於其中而使它們成為「本體」者也。

一切均消逝而去，唯藝術長存。藝術使人體驗藝術中的時間，從而超時間。在此體驗中，情感泯滅、消化了分、定、位、所（空間化的時間），既超越了此時此地、日常生活的時間，卻又與此時此地的日常時間的情感融合在一起。從而人們在廢墟、古城、圖騰柱、峨特教堂、石窟佛像、青銅禮器……這些在當時有關宗教、道德、功利等時間性的實用物前，所感受、領悟、體驗的恰好是對人類總體存在的非實用非功利非道德的超時間的情感確認，常表現為對時間的無限感嘆，這也就是人對自己存在的「本體」把握。一切情深意真的作品也都如此。不是「如何活」和「為什麼活」，而是「活」在對人生、對歷史、對自然宇宙（自己生存的環境）的情感的交會、溝通、融化、合一之中。人從而不再是與客體世界相對峙（認識）相作用（行動）的主體，而是泯滅了主客體之分的審美本體，或「天地境界」。人歷史性生活在與他人共在的空間化的時間中，卻讓這些空間化的時間經驗進入藝術凝凍，它便超時間而永恆常在，而使後來者的人性情感愈益豐足，這就是「德不孤，必有鄰」，這就是變易中的不易。這「不易」並不在別處，就在這人生情感之中。《華夏美學》說：「『日午畫舫橋下過，衣香人影太匆匆』……生活、人生、機緣、際遇，本都是這

麼無情、短促、偶然和有限，或稍縱即逝，或失之交臂；當人回顧時，卻已成為永遠的遺憾……。」不正是從這裡，使人更深刻地感受永恆本體的謎麼？它給你的啟悟不正是人生的目的（無目的），存在的意義（無意義）麼？

人沉淪在日常生活中，奔走忙碌於衣食住行、名位利祿，早已把這一切丟失遺忘，已經失去那敏銳的感受能力，很難得去發現和領略這目的性的永恆本體了。也許，只在吟詩讀畫、聽音樂的片刻中，也許，只在觀賞大自然的俄頃和久長中，能獲得『驀然回首，那人正在燈火闌珊處』的妙悟境界？……

永恆是無時間性的存在，它曾經是巴曼尼得的『不動的一』，是《易經》的流變，是莊周的『至人』，在這裡，卻只是如此平凡卻又如此神妙的『驀然回首』。……任何自然和人事又都是時空的存在。所謂無時間、超時間或宇宙（時空）之前之外，都只有詩和哲學的意義。……它不關涉真正的自然、人世，而只建設心理的主體。」

這「心理主體」不也就是「本體」所在麼？傳統哲學經常是從感性到理性，人類學歷史本體論則從理性（人類、歷史、必然）始，以感性（個體、偶然、心理）終。「春且住，見說得天涯芳草無歸路。」既然歸已無路，那就停留、執著、眷戀在這情感中，並以此為「終極關懷」吧。這就是歸路、歸依、歸宿。因為已經沒有在此情感之外的「道體」、「心體」、Being或上帝了。「木末芙蓉花，山中發紅蕚，澗戶寂無人，紛紛開且落」，天心人心在此便渾然一體，無由分辨，言斷路絕，無可尋覓了。呈現在如此美

妙的超時間的藝術中的神祕經驗，既非思辨理性，又非生物情欲，仍然是某種理欲交融的審美境界，就讓這種審美情感去引領你「啟真」、「儲善」（見拙作〈主體性提綱〉），去體認宇宙、自然的諸多祕密吧。這是沒有人格神、沒有本體現象兩個世界之分的審美的、藝術的、情感的神學。

3.「何人不起故園情」：人類萬歲、情感萬歲

　　藝術只是供片刻觀賞或創作的「作品」，如果生活、人生本身即藝術，該多麼好。杜威曾講藝術即經驗。儒家也講生活即藝術（梁漱溟、馮友蘭、錢穆等，見《華夏美學》），均無非求藝術於人生，使生活成藝術。既無天國上帝，又非道德倫理，更非「主義」、「理想」，那麼，就只有以這親子情、男女愛、夫婦恩、師生誼、朋友義、故國思、家園戀、山水花鳥的欣托，普救眾生之襟懷以及認識發現的愉快、創造發明的歡欣、戰勝艱險的悅樂、天人交會的皈依感和神祕經驗，來作為人生真諦、生活真理了。為什麼不就在日常生活中去珍視、珍惜、珍重它們呢？為什麼不去認真地感受、體驗、領悟、探尋、發掘、「敞開」它們呢？你的經歷、遭遇、希望、憂傷、焦慮、失望、歡愉、恐怖……，不也就是你的實際生活麼？回憶、留戀、期待、執著、追悔……種種酸甜苦辣，即使作為自體驗不也重要嗎？一切事件、事物、景色、環境，不也都圍繞著它而構成意味嗎？不正是在這裡，你才真正活著麼？人生無常，能常在常住在心靈的，正是那可珍惜的真情「片刻」，此中大有深意在。只有它能證明你曾經真正活過。於是在這日常的、平凡的似乎是俗世塵緣中，就可以去歡慶自己偶然

的生；在這強顏歡笑中，這憂傷焦慮中，就可以去努力把握、流連和留住這生命的存在。使四大非空，一切如實，宇宙皆有情，萬物都盎然生意。何必玩世逍遙？何必詛咒不已？執著它（體驗）而又超脫它（領悟），不更好麼？這就是生命的故園情意，同時也就是儒家的「立命」。「命」並非別的，它關注的正是這個非人力所能主宰、控制的人生偶然。別讓那並不存在的、以虛幻的「必然」名義出現的「天命」、「性體」、「規律」主宰自己。重要的是讓情感的偶然有真正的尋找和家園歸宿：「山仍是山，水仍是水」，在這種種似如往昔的平凡、有限甚至轉瞬即逝的真實情感中，進入天地境界中，便可以安身立命，永恆不朽。何況，人類的生存延續雖不神祕，但宇宙的存在仍是神祕的。用什麼來參透這神祕？欲望和理性均難以為力，於是也只有通由此詩意的感情了。

　　「不知何事縈懷抱，醒也無聊，醉也無聊」。如此偶然人生，如此孤獨命運，怎能不「煩」、「畏」？但與其去重建「性」、「理」、「天」、"Being"、「上帝」、「五行」……等等「道體」來管轄、統治、皈依、歸宿，又何不就皈依歸宿在這「情」、這「樂」、這｜超時間、這｜天人交會，總之這「故園情意」中呢？這裡不更安全、熟悉和親密嗎？君不見，流行歌曲唱道：「一場惡夢醒來後，只見夕陽掛山頭。再多回憶，再多少理由，也是杯苦酒」；「掌聲響起來，我心更明白。多少青春不在，多少情懷已更改，我還擁有你的愛。……」。《美學四講》說：「把社會氛圍轉化入作品，使作品獲有特定的人生意味和審美情調，生活積澱在藝術中了。在那麼吵鬧、毫無思想的 Disco 舞蹈中，也仍然可以有人生的深刻

意味，青年們之所以為此『瘋狂』，其實並不是件淺薄的事。」它
一定程度上呈現了對偶然——命運的情感探尋的後現代人生。

　　慢慢走，欣賞啊。活著不易，品味人生吧。「當時只道是尋
常」，其實一點也不尋常。即使「向西風回首，百事堪哀」，它融
化在情感中，也充實了此在。也許，只有這樣，才能戰勝死亡，
克服「憂」、「煩」、「畏」。只有這樣，「道在倫常日用中」才不是
道德的律令、超越的上帝、疏離的精神、不動的理式，而是人際
的溫暖、歡樂的春天。它才可能既是精神又為物質，是存在又是
意識，是真正的生活、生命和人生。品味、珍惜、回首這些偶然，
悽愴地歡慶生的荒謬，珍重自己的情感生存，人就可以「知命」；
人就不是機器，不是動物；「無」在這裡便生成為「有」。

　　　　　　　（1991 年春寫定，1994 年春改畢，雖不滿意而
　　　　　　無可如何，只好以後再改再寫了。加上〈人類起
　　　　　　源提綱〉和四個主體性提綱，這算是「提綱之六」。
　　　　　　六個提綱以及「答問錄」等等，講來講去，仍是
　　　　　　那些基本觀念，像一個同心圈在繼續擴展而已。）

華夏美學

李澤厚　著

作者漸進式的論述遠古的禮樂、孔孟的仁道、莊生的逍遙、屈子的深情和禪宗的形上追求，得出結論：中國哲學、美學和文藝，以及倫理政治等，都是建立於一種心理主義上，這種心理主義不是某種經驗科學的對象，而是以情感為本體的哲學命題。這個本體，不是上帝，不是道德，不是理智，而是情理相融的人性心理。它既「超越」，又內在；既是感性的，又超越感性，是為審美的形上學。

國家圖書館出版品預行編目資料

我的哲學提綱／李澤厚著. －－二版一刷. －－臺北
市: 三民，2020
　　　面；　　公分. －－（李澤厚論著集）

　　ISBN 978－957－14－6940－9 （平裝）
　　1. 哲學 2. 文集

107　　　　　　　　　　　　　　　109014074

【李澤厚論著集】

我的哲學提綱

作　　　者	李澤厚
發 行 人	劉振強
出 版 者	三民書局股份有限公司
地　　　址	臺北市復興北路 386 號 (復北門市)
	臺北市重慶南路一段 61 號 (重南門市)
電　　　話	(02)25006600
網　　　址	三民網路書店 https://www.sanmin.com.tw
出版日期	初版一刷 1996 年 9 月
	二版一刷 2020 年 11 月
書籍編號	S120920
I S B N	978-957-14-6940-9

三民書局